ジョブ型人事の道しるべ

キャリア迷子にならないために
知っておくべきこと

藤井 薫

パーソル総合研究所 上席主任研究員

833

中公新書ラクレ

まえがき

ジョブ型人事制度や職務給を導入する企業が増えています。昇進・昇格や給与が、これまでの「ヒト」基準から「仕事」基準に変わると、社員と会社との関係が大きく変化していきます。現時点での実力勝負ですから、管理職ポジションへの若手人材の登用が進むはずです。社内公募などの「手挙げ」人事異動も増えていきます。一方で、もう、累積貢献度が考慮されて昇進・昇格したり、同じ仕事を担当していて給与が上がり続けたりということはありません。

一見、若手人材に優しく、ミドルシニアに厳しい仕組みのように見えますが、若手人材も、いつまでも若手というわけではありません。また、社内公募機会が増えれば増えるほど、手を挙げない人は取り残されていきます。これまでのように、会社に任せておけば、あれこれ世話を焼いてくれるということは期待できず、キャリア自律が要求されます。ジョブ型の世界では、その仕組みを把握してキャリア形成に活かしていく人とそうでない人との差は、開いていく一方です。

ジョブ型については、数多くの誤解があります。それもジョブ型の1つでしょうが、1つでしかありません。メディアでは、極端な事例だけが取り上げられやすいという事情もあります。いくつかのパターンがあります。ジョブ型人事制度は、「仕事」基準で配置や処遇を考えるという点は共通していても、さらに、制度のかたちは似通っていても、実際には運用による濃淡も小さくありません。

本書は、あなたの会社や転職希望先で導入・検討されているのは、どのようなジョブ型なのか、どう運用されそうなのか、それらを読み解き、キャリア形成に繋げるための「道しるべ」を提供しようとしています。特別に優秀な人は、ジョブ型であろうがなかろうが、あまり気にする必要がないかもしれませんが、大多数の「ふつうの会社員」のキャリア形成は、ジョブ型の導入によって、決して小さくはない影響を受けます。「自分はふつうの会社員だ」という自覚がある人は、ぜひ、ジョブ型の実態を理解したうえで、自分のキャリアを考えてみてください。本書のタイトルを『ジョブ型人事の道しるべ～キャリア迷子にならないために知っておくべきこと』としたのは、そんな思いからです。

また、経営陣や人事部においても、ジョブ型を表層的・画一的に捉えて施策展開し、想定外の副作用を引き起こすリスクは小さくないので、今一度、ジョブ型の実態をしっかりと確認しておくことをお勧めします。

本書の構成は、次の通りです。

第1・2章は、「今どきの『ふつうの会社員』」「会社が考えていること」ということで、主にパーソル総合研究所の調査をもとに、ジョブ型導入の背景として、平均的会社員像を明らかにするとともに、企業側のニーズを解説しています。

第3章から第8章はジョブ型人事制度の解説です。

第3・4・5章は、「ジョブ型で変わる管理職層の位置づけと給与」「管理職層の専門職（プロフェッショナル職）の実態」「総合職（一般社員層）の給与はジョブ型で変わるのか？」ということで、管理職、専門職、一般社員のジョブ型の考え方と実態を、主にパーソル総合研究所の調査をもとに、順に解説しています。ジョブ型はメディアで報道されているかたちだけではないということ、「ふつうの会社員」にとっての影響がありそうなところを確認してください。

第6章「ずっと同じ仕事を担当していても昇給するのか？」は、給与制度の考え方を、基本も含めて解説しています。少々、テクニカルな内容ですが、基本は押さえておきましょう。

第7・8章は「昇格・降格、人事評価はどうなる?」「キャリア自律に向けて機会を活かそう」ということで、ジョブ型の運用の要となる部分を、主に、政府が公表した「ジョブ型人事指針」から事例を引用しながら解説しています。「ジョブ型人事指針」は、「指針」と名付けられているものの、内容はジョブ型導入企業20社の事例集になっており、一読しただけでジョブ型の動向をつかむことは難しいかもしれません。第7・8章は、その解説書として読むこともできます。

第9章「企業が生き残るために為すべきこと」は、第8章までと異なり、経営陣・人事部向けです。ジョブ型における社員と企業の関係は、長期的なものから短中期的な経済的交換に変化していきます。給与が持つ意味は、これまで以上に重くなります。パーソル総合研究所の調査結果を交えながら、この先、給与をどう捉えていけばよいか、経営陣と人事部にメッセージを送ります。

それでは早速、ページをめくって、ジョブ型の実態把握を始めましょう。きっと、ジョブ型時代のキャリア形成に向けた「道しるべ」が見つかるはずです。

目次

管理職層の処遇の矛盾を放置できない
雇用長期化に対応できる給与制度に
人材獲得競争に負けるわけにはいかない
本当は若手を大胆に登用したい
キャリア自律の表と裏

第3章 ジョブ型で変わる管理職層の位置づけと給与

誤解だらけのジョブ型や職務給
ジョブ型人事制度・職務給の主要ターゲットは管理職層
「部長より職務給が高い課長」がいてもいい?
職務記述書を作らないジョブ型もある
「なんちゃってジョブ型」企業も多い
ジョブ型人事制度導入企業の3つのタイプ
管理職を目指すほうが得か?

図表作成／明昌堂・今井明子
本文ＤＴＰ／今井明子

ジョブ型人事の道しるべ

キャリア迷子にならないために知っておくべきこと

第1章　今どきの「ふつうの会社員」

あなたは何歳まで働きたいと思っていますか？

「人生１００年時代」という言葉を見聞きする機会が増えてきました。厚生労働省の「簡易生命表（令和４年）」によると日本人の平均寿命は男性が81・05歳、女性が87・09歳です。内閣府の「令和５年版高齢社会白書」では、「健康上の問題で日常生活に制限のない期間」である健康寿命は男性が72・68年、女性が75・38年。平均寿命と健康寿命の差は男性８・37年、女性11・71年です。

これらの数字を見て、どう感じるでしょうか。20～30代の人たちにはあまりピンとこないかもしれませんし、40～50代の人は「この先、まだまだ長いような短いような……」という感じでしょうか。60代であれば「平均寿命はともかくとして、健康寿命は意外と短いなぁ」という感想だろうと思います。高年齢者雇用安定法によって企業には65歳までの雇用が義務付けられていますから、みなさんの勤め先も定年が65歳だったり、60歳定年でも再雇用制度があったりするはずです。65歳まで勤めると、健康寿命の残りは男性約７年、女性は約10年しかありません。「仕事以外の人生をもっと楽しみたい」と思っても、お金の問題もあります。寿命は人それぞれなので、あなたは100歳以上生きるかもしれません。厚労省の推計では、100歳まで生きる確率は、1960年生まれの男性は5%、女性が17%であり、1990年生まれでは男性6%、女性20%です。「老後2000万円問題」が話題になりましたが、「2000万円ではとても足りない。できるだけ長く働かなくては」と考える人もいるでしょう。もちろん、お金に限らず、やりがいや健康を求めて働く人も少なくないはずです。

さて、「ふつうの会社員」は、何歳まで働きたいと思っているのでしょうか。

パーソル総合研究所が実施した『働く10000人の就業・成長定点調査2024』から会社員（正社員）、定年再雇用者、定年後転職者のデータを抜き出して、男女・全世代の平均を見ると、62・3歳まででした。厚生労働省の令和4年「高年齢者雇用状況等報告」では、従業員21名以上の企業23万5875社のうち、65歳定年の企業は22・2%と、まだ60歳定年の企業のほうが多いものの、「65歳までの高年齢者雇用確保措置」を実施済みの企業は99・9%ですから、ほとんどの会社員には、とりあえず法令上は65歳まで働き続けることができる環境があります。公的年金支給は65歳からですし、ざっくり見れば「ふつうの会社員」は60歳を過ぎても数年は働き続けたい人が多いようです。さらに、改正高年齢者雇用安定法は、事業主に70歳までの就業機会を確保する措置を制度化する努力義務を求めています。これまでの60歳定年でリタイアする時代から65歳まで、そして、70歳まで働く時代をイメージさせる状況です。

一方、企業の動きはというと「黒字リストラ」も珍しくありません。黒字リストラとは、黒字の企業が早期・希望退職者を募って人員削減を行うことです。東京商工リサーチの調査では２０２３年に早期・希望退職者を募集した上場企業は41社で、そのうち半数を超える21社は直近の決算が黒字です。もちろん、リストラは好不況の波にも連動します。新型コロナウイルス感染症で混乱した２０２０年、21年に早期・希望退職者を募集した企業は93社、84社と、リーマン・ショック直後の２００９年（１９１社）以来の高水準でした。ただ、この時も黒字企業が半数弱を占めていました。このように、現在は業績好調であっても、将来を見据えて事業構造改革や企業体質強化に取り組む企業が早期・希望退職を行うケースは珍しくありません。

また、直近の傾向としては、早期・希望退職の規模が大型化しています。２０２３年の募集規模は大正製薬ホールディングスの６４５人が最多で１００人以上は11社でしたが、２０２４年に入ってからは、東芝が本社の間接部門を中心に国内の１割弱にあたる４０００人、資生堂も国内で社員の1割強に相当する約1500人、コニカミノルタとオムロンが国内外で約2400人、約2000人と大規模な人員削減の報道が続いています。

これらの募集対象は基本的に年齢を基準にしており、適用開始は45歳からという事例が半数近くを占めます。それぞれの企業の事業戦略に応じて必要とする人材が変化してきている、企業から必要とされる人材とそうでない人材が分かれてきているということです。とくに、40代半ば以降の年代層については、企業は自社にとっての要否を個別に選別しようとしていると言ってよいかもしれません。企業には65歳までの雇用が義務付けられているのでクビにはならないとはいえ、40代半ば以降の会社員生活を、企業に「必要とされる人材」として過ごすのと、そうでないのとでは精神上も処遇上も大きな差があるはずです。もちろん、40代半ばで必要とされる人材になっているかどうかは若い頃からの積み上げの結果ですから、20～30代の人も「若さ」に甘えていると先々が思いやられます。

「ふつうの会社員」が62・3歳まで、もしくは70歳まで働こうとすると、その期間は四十数年から50年前後に及びます。同じ企業に勤め続けるにしても何度か転職するにしても決して短い年月ではなく、常に企業から必要とされる人材であり続けなくては、その期間を気持ちよく完走することはできません。「自分は将来、独立・自営するつもりだから」という場合はさらにシビアに、本当に顧客から必要とされる人材であり続けなくては通用しないでしょう。

本書では、いずれは多くの人が意識するであろう70歳を視野に入れて、ずっとどこかの企業に勤めて働こうとする「ふつうの会社員」が、どのように自分のキャリアを築いていけばよいかを考えていきます。

20代男性は55歳でのリタイアを望んでいるが……

まず、「ふつうの会社員」像を掘り下げていきましょう。先述の『働く10000人の就業・成長定点調査2024』から「働き続けたい年齢」は全体では62・3歳まででしたが、これを年代別に見ると、年代が上がるにつれて「働き続けたい年齢」も上がっていきます。2024年の調査結果では男女差はほとんどありません【図表1】。いずれも20代の人は50代前半まで、60代の人は70歳前後まで働き続けたいという結果です。何歳まで働きたいかと問われて、若いうちはあまり実感が湧かずに50代前半でリタイアしたいと考えていても、歳を取るにつれてだんだんと「自分事」になってくるということでしょうか。多くの人は「働くのは60過ぎまでと考えていたけれど、いざその歳になってみると、やっぱり70歳まで働こう！（もしくは、働かなくちゃ……）」ということなのかもしれません。そろそろ定年を現実のものとして意識せざるを得ない50代、そして、既に定年を迎えている人も多い60代の回答を見ても、その傾向がうかがえます。結局「70歳まで」ということになるならば、若いうちからそれを意識して準備を進めるほうが賢明です。

図表1　働き続けたい年齢

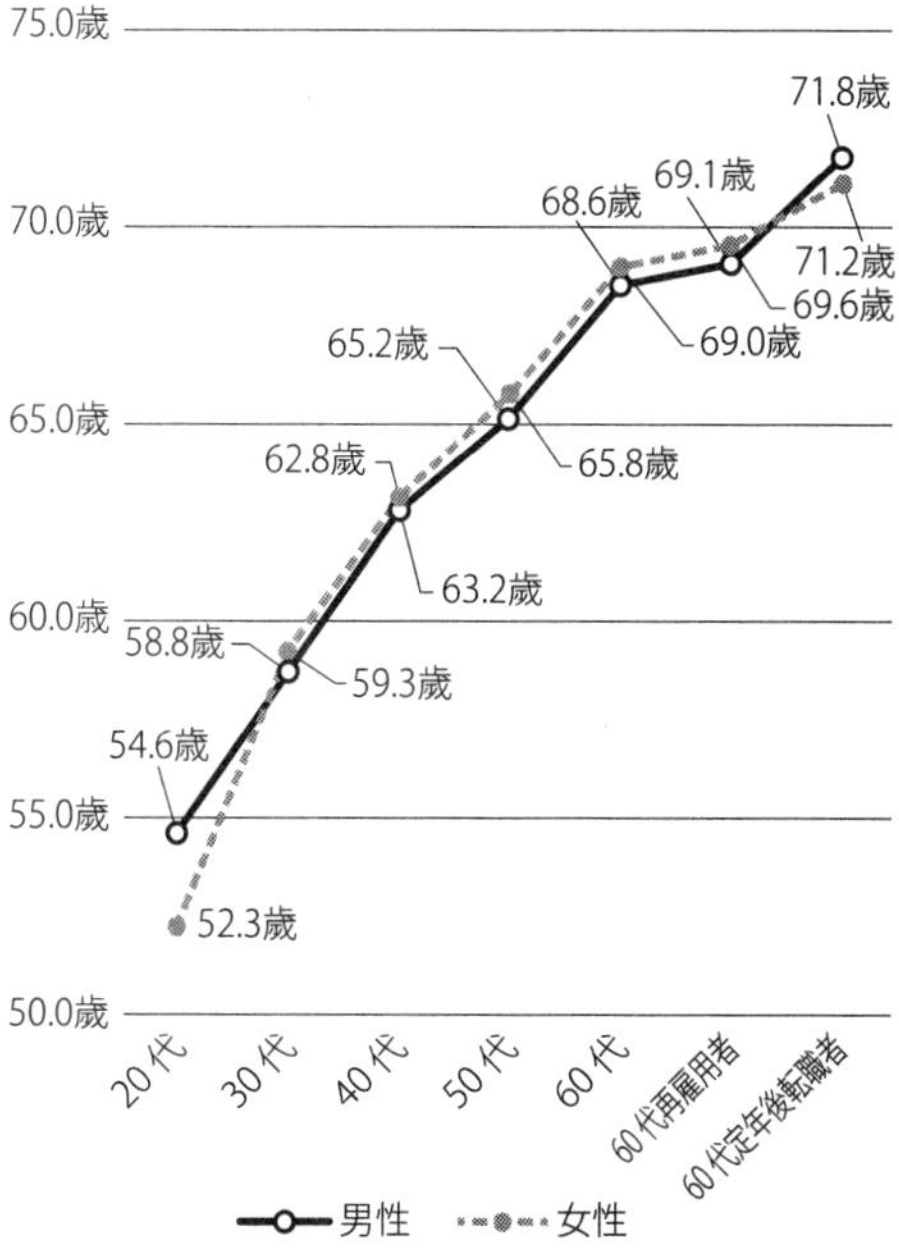

出所：パーソル総合研究所『働く10,000人の就業・成長定点調査2024』から正社員のデータを抽出し筆者作成

ちなみに、この調査は２０１７年から毎年定期的に実施しており、経年変化を見ることができます。傾向として、２０１７年時点から「働き続けたい年齢」の男女差は縮まってきています。これをもう

少し詳しく見てみると、実に興味深いことが分かります【図表２】。

２０１７年から、男女とも40代は62～63歳まで働きたい、50代はおよそ65歳まで、60代正社員は68～69歳までと、あまり経年変化はありません。60代「定年再雇用者」は60代正社員とほとんど同じで68～69歳までです。「定年再雇用者」とは、定年退職した後に引き続き同じ企業と雇用契約を結んで勤務している人です。嘱託社員や契約社員として雇用されていても、定年前から同じ企業に勤め続けており、いずれにしても65歳までは企業に雇用責任があるので、感覚的には正社員と変わらないのかもしれません。60代「定年後転職者」は定年後に転職しているだけあって長く働きたい意向が最も強く、70歳過ぎまでです。

ところが、20代、30代は２０１７年から大きく傾向が変化しています。特に20代に注目してください。20代女性の「働き続けたい年齢」はだいたい50歳代前半で推移してきていますが、20代男性は、２０１７年の60・２歳から２０２４年の54・６歳まで、毎年下がり続けています。その結果、２０１７年には９・４歳あった男女差は２・３歳にまで縮まっています。30代も女性は58～59歳でほぼ横ばいですが、男性は61・８歳から58・８歳に下がり、２０２４年には男女逆転して、女性が０・５歳上になっています。

この設問は、「あなたは人生で何歳まで働きたいと思いますか」であって、「今の会社で」

図表2　働き続けたい年齢　年代別・性別、経年

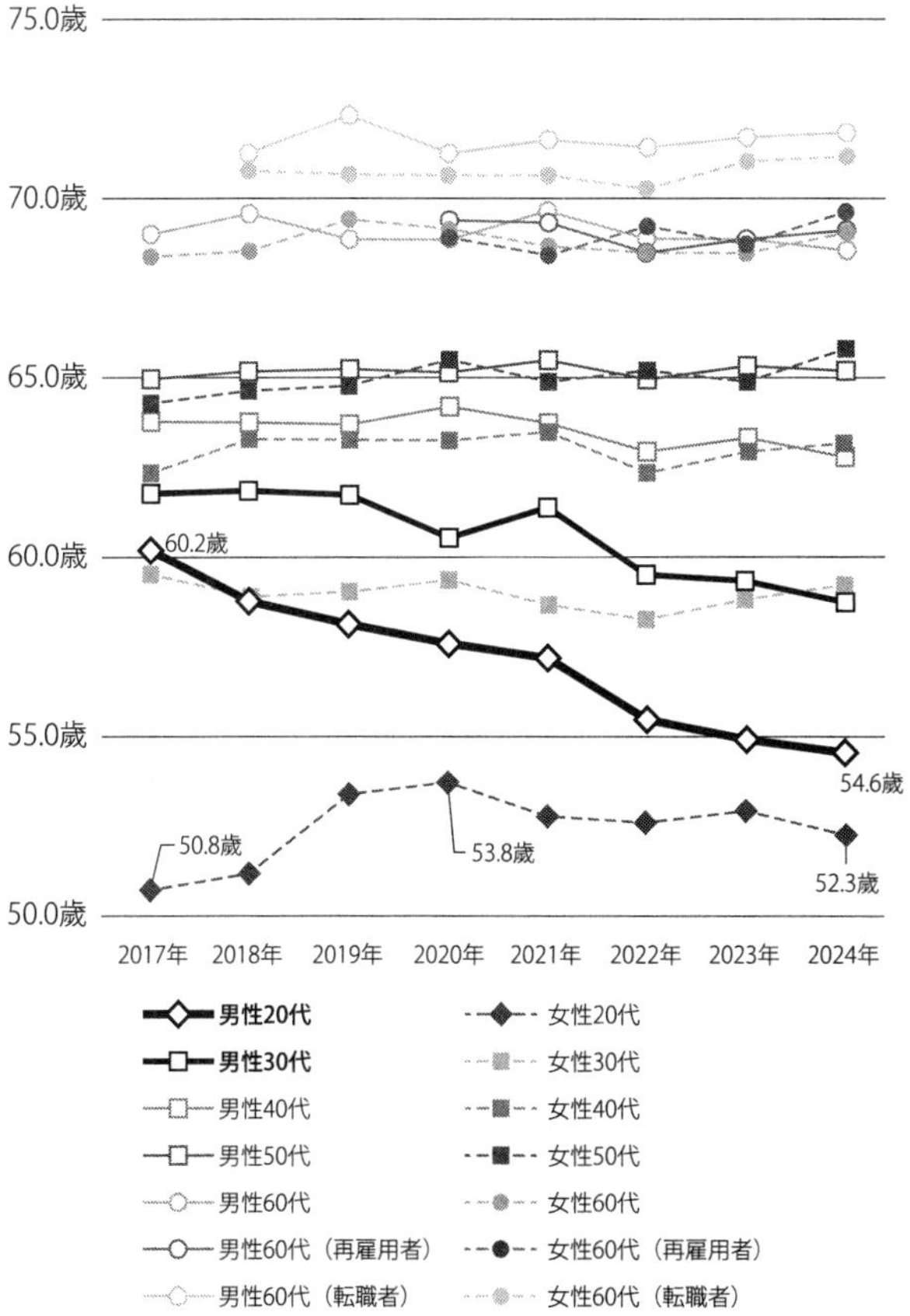

出所：パーソル総合研究所『働く10,000人の就業・成長定点調査2024』から正社員のデータを抽出し筆者作成

ということではありません。「そのうち転職しようと思っているから」ということではなく、転職も独立・自営も含めての回答です。20代男性の「働き続けたい年齢」の下降は調査を開始した2017年からの明確な傾向で、しかもかなりの急勾配です。男性ほどではありませんが、20代女性も気になります。2017年と比べると伸びてはいるものの、2020年の53・8歳をピークに緩やかに下がってきています。20代男女は、「50代前半で仕事を辞めたい」と考えており、そのリタイア希望年齢もだんだん下がってきているのです。

なぜ、若い人たちのリタイア希望年齢が下がっているのか、FIRE願望なのでしょうか。FIRE（Financial Independence & Retire Early）とは、若いうちに資産を築いて経済的に独立し、早期リタイアするライフスタイルです。30歳でリタイアした元ソフトウェアエンジニアのピート・アデニー氏のブログがきっかけで、2020年ごろからFIREブームが始まったと言われています。日経マネーの「2021年個人投資家調査」によると、「早期リタイア」を投資目的とする会社員は、20〜30代では2割前後を占めます。また、日本経済新聞の記事（2024年5月1日）によると、投資経験がある人へのアンケート調査で、「定期収入の何％を資産運用に回しているのか」との問いに対して「10％以上」とする回答が50％、「20％以上」が26％ですが、Z世代である20代は「10％以上」が62％、「20％以上」が36％、

「50％以上」との回答も7％と、娯楽費や食費などを切り詰めて投資に回す姿勢が顕著とのことです。リタイア年齢の下降はＦＩＲＥブーム以前からの傾向ですが、Ｚ世代には本気でＦＩＲＥを考えている人が少なくないのかもしれません。これだけが理由ではないにしても、２０２１年以降、20～30代男性のリタイア希望年齢の下降が目立ちます。現状は、年代が上がるにつれて「働き続けたい年齢」も上がっていく傾向ですが、今の20～30代にとってＦＩＲＥが単なる願望ではなくライフスタイルの選択なのだとしたら、もしかすると彼ら彼女らが中高年層になっても「働き続けたい年齢」は、それ以前の世代のようには上がらないかもしれません。

さて、ＦＩＲＥが実現するかどうかはさておき、55歳でリタイアするとはどういうことか、お金の面から見てみましょう。

２０１９年に金融庁の報告書が発端で大きな話題になった「老後資金２０００万円」が念頭にある人も多いと思います。これは、高齢夫婦無職世帯の毎月の赤字額約５万５０００円をもとに老後が30年だとすると、５万５０００円×12ヵ月×30年間＝１９８０万円なので、リタイアまでに老後資金を２０００万円ほど準備しておく必要があるというものです。実際には収入も支出も人それぞれですし、そもそも、自分が何歳まで生きるかは分からないので、結局のところ老後資金がいくら必要なのかよく分からない……というのが正直な感想ではないでしょうか。

しかし、65歳まで働く人と比べて10年早く55歳でリタイアする場合の影響度なら、比較的簡単に試算できます。55歳から65歳までの生活費が総務省の「家計調査2023年（令和5年）」の「65歳以上の夫婦高齢者無職世帯」の消費支出月額25万959円と同程度だとしても、10年間で約3000万円です。65歳でリタイアするより10年早い時点で、かつ、3000万円多く準備しておく必要があるわけです。65歳以降の分の2000万円と合わせて、合計5000万円です。ちなみに、まだ高齢夫婦というわけではないので、実際には支出額はもっと大きくなりそうです。「二人以上世帯の勤労者世帯」の消費支出は月額31万8755円です。勤労者世帯並みに使うならば、10年間で約3800万円必要です。また、リタイアが早い分、公的年金の額も少なくなってしまいます。

もし65歳まで働き続けるとしたら、厚生労働省『令和5年賃金構造基本統計調査』によると、50代後半の正社員平均年収は701・6万円、60代前半の非正規社員平均年収は351・9万円ですから、60歳定年で再雇用になり給与が下がったとしても、10年間で約530

０万円の収入があります。その間、数百万円以上の貯蓄も可能でしょう。10年間無職で貯蓄を３０００万円取り崩すのと、５３００万円の収入があって貯蓄が増えるのとでは、差し引きでは65歳以降の余裕度が大きく異なってきます。

会社員が55歳でリタイアしていたのは、もう30年以上も昔の話です。１９９４年の高年齢者雇用安定法の改正で60歳未満定年制が禁止される前までは55歳定年が主流でしたが、それは平均寿命が現在よりも短かった時代の話です。１９９４年当時の平均寿命は男性76・57年、女性82・98年で、２０２２年の男性81・05年、女性87・09年と比べると、男性は４・48年、女性は４・11年短い時代のことです。内閣府の予測では、平均余命は鈍化傾向ながら、まだ延び続けるということです。

もちろん、いつまで働き続けるかはお金の話だけで決めるものではありませんが、ＦＩＲＥには「仕事を辞めようと思えば辞められる選択肢を持つ」という考え方が根底にあるように、ＦＩＲＥを目指していても「働こうと思えばいつでも働ける選択肢を持つ」ことが重要です。老婆心ながら、明確な計画もなく50代半ばでリタイアしたいと答えた人たちは、「自分もいずれは70歳まで働こうと考えるようになる」と思っておいたほうがよさそうです。

今の会社にはそれほどこだわっていない

70歳まで働き続けるといっても、企業に勤める人もいれば独立自営の人もいます。近頃は企業勤務でも副業・兼業が認められていたり、リモートワークだったりと、働き方のバリエーションが増えています。「ふつうの会社員」は先々のキャリアの方向をどう考えているのでしょうか。

年代別・性別で調べてみると、20代の女性は「他の会社に転職したい」人が最も多く、半数弱を占めますが、その他の年代・性別では、「現在の勤務先で継続して働きたい」人が転職希望者、起業・独立希望者を上回ります【図表3】。この傾向は年代が上がるにつれて顕著になり、「現在の勤務先で継続して働きたい」人が増えて、「他の会社に転職したい」人と「会社を辞めて起業・独立したい」人が減っていくかたちです。大まかに見ると、30代以降は男女ともだいたい4割以上は今の会社で働き続けたいと考えています。50代女性と60代男女ではその比率が5割前後に達します。今の会社での昇進・昇格の先行きが見えてきたところで心機一転、転職か起業・独立をという人が増えるわけではありません。やはり中高年層は若年層よりも転職が難しいこともあり、考え方が現状維持型になってくるようです。「ふつうの会社員」は基本的に企業勤務志向であり、転職よりも「今の会社で」という人が多数派です。とはいえ、5割を超えるのは60代女性だけですから、「会社員の過半数は今の会社にこだわっていない」という言い方もできます。経年変化を見ると、いずれも数%の範囲で上がったり下がったりしていますが、この傾向に目立った変化はありません。

「他の会社に転職したい」人は、20～40代の男性で3割前後、女性は20代の44・8%から年代が上がるにつれて下がっていきますが、やはり40代で約3割です。男女とも40代以下

図表3　今後のキャリア希望 年代別・性別

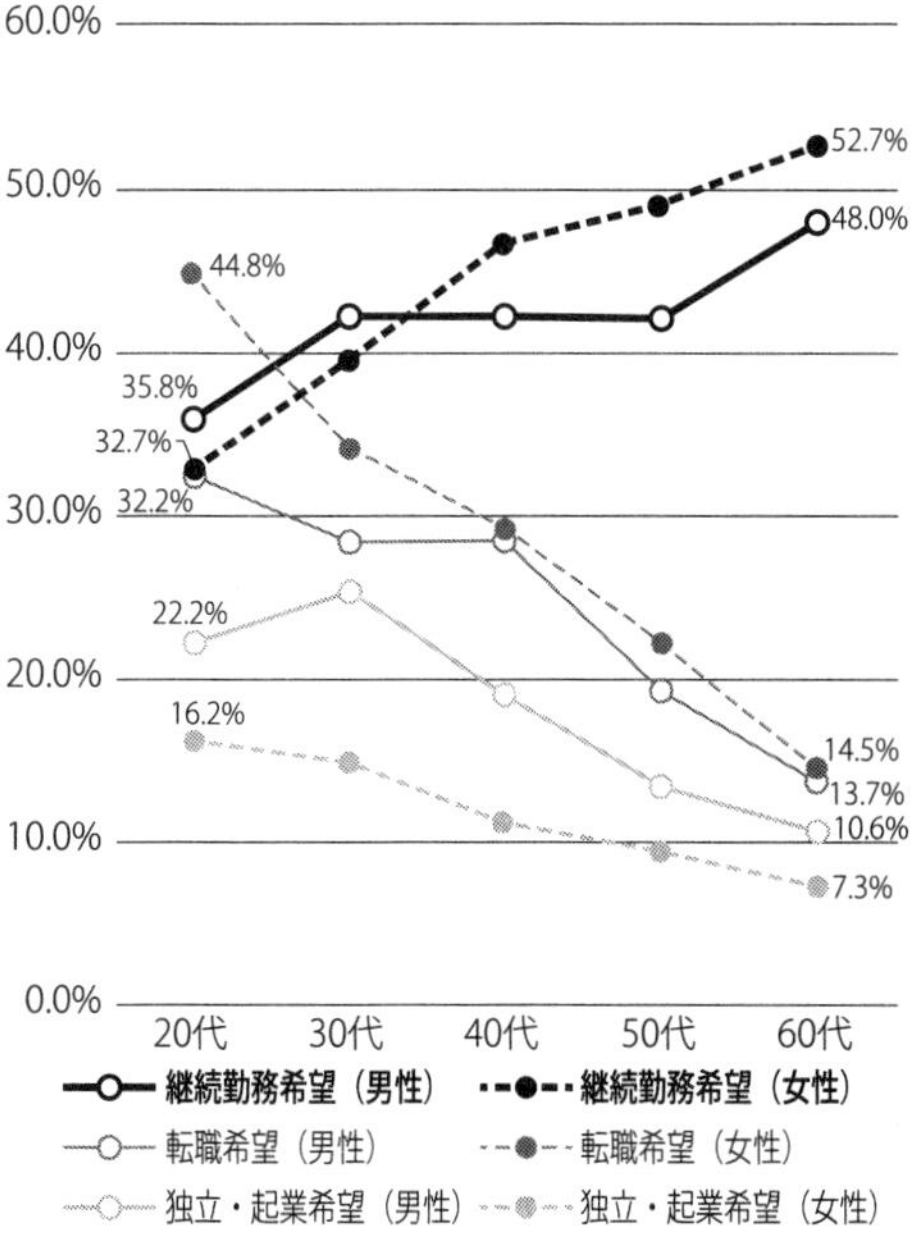

出所：パーソル総合研究所『働く10,000人の就業・成長定点調査2024』から正社員のデータを抽出し筆者作成

図表４　転職経験者の比率

(2024年)	20代正社員	30代正社員	40代正社員	50代正社員	60代正社員
男　性	35.8%	58.9%	65.4%	62.7%	65.1%
女　性	45.1%	68.6%	79.2%	80.5%	86.4%
男女計	39.8%	62.6%	69.8%	67.7%	70.5%

図表５　転職経験者の今までの転職回数

(2024年)	20代正社員	30代正社員	40代正社員	50代正社員	60代正社員
男　性	1.7回	2.2回	2.7回	3.2回	2.5回
女　性	1.6回	2.3回	3.2回	2.8回	3.0回
男女計	1.7回	2.3回	2.9回	3.0回	2.7回

出所：パーソル総合研究所『働く10,000人の就業・成長定点調査2024』から正社員のデータを抽出し筆者作成

はだいたい３人に１人は転職を考えています。

では、実際に転職する人はどれくらいいるのか、そして、転職経験者は何回くらい転職しているのかを見てみましょう。

転職経験者の比率は20代男性35・８％、女性45・１％と、20代こそ半数に達しませんが、30代以降になると男女とも転職経験者が20％以上増え、男性は６割前後、女性は約７割以上です【図表４】。「ふつうの会社員」は転職を経験していると言えます。男性よりも女性の転職経験率が高いのは、結婚や出産を機に一旦退職して転職するなど、ライフイベントとの関係がありそうです。転職経験者の今までの転職回数は20代が１・６〜１・７回、30代以降が２〜３回です【図表５】。年代が上がると緩やかに増える傾向があるものの、20代

が1・6〜1・7回だからといって40代で4〜5回になるというわけではありません。これは、転職経験者は比較的若い時期に転職し、その後は周期的に転職を繰り返すわけではないということです。

転職に対する考え方は、総じてポジティブです。男女、全年代とも転職肯定派は過半数を超えています【図表6】。なかでも転職経験ありの女性が最も肯定的で、各年代を通して8割前後が「転職は総合的に見てよいことだ」と捉えています。一方で、転職経験なしの女性は20代の8割から年代が上がるにつれて下降していきますが、それでも60代で5割を超えています。転職経験ありの男性は、各年代とも肯定的な人が75％前後です。転職経験なしの男性は、40〜50代が55％前後に下がりますが、その他は65〜70％です。40〜50代は管理職適齢期であり、今の会社でのやりがいや処遇水準が高いということかもしれません。転職で「スキルアップできる」というイメージを持っている人が全年代とも約7割以上、「キャリアアップできる」というイメージを持つ人も約7割です。

このように、転職は働く選択肢として一般的なものになっています。もし、自分から主体的に転職する意思がないとしても、転職せざるを得ない状況になることもあります。「企業の寿命は30年」などと言いますが、勤め先の企業が倒産したり、M＆Aでこれまでと全く違

図表６　転職は総合的に見てよいことだ
年代別・性別、転職経験有無別

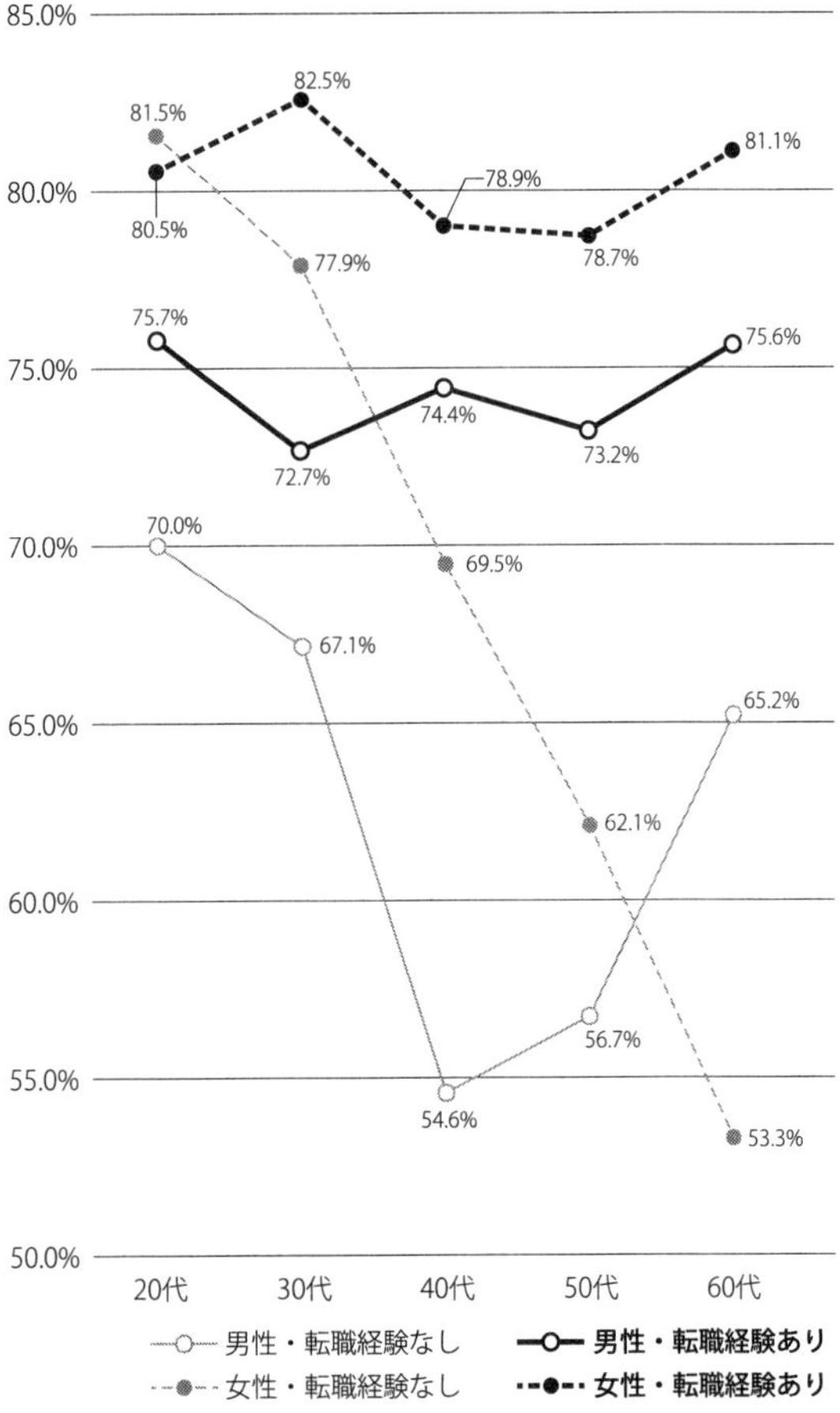

出所：パーソル総合研究所『働く10,000人の就業・成長定点調査2024』から
正社員のデータを抽出し筆者作成

って、どうにも好きになれない会社になってしまったりするケースもないとは言えません。ちなみに、東京商工リサーチの「２０２３年倒産企業の『平均寿命』調査」では、倒産企業の平均寿命は23・1年です。産業別では製造業の平均寿命が36・3年で、唯一30年を超えています。実際には、倒産やM&Aでなくても、経営者の交代や経営方針の変更で会社の姿が変わっていく事態は、数十年の中では誰しもが経験することです。必要な場合には転職する選択肢を持つことは、70歳まで働くには必須です。

一方で、あなたが転職しようとしている企業にも、そこから転職したいと考えている人がいます。「隣の芝生は青い」と言いますが、転職は仕事の悩みをすべて解決する魔法の杖ではないということを忘れないでください。また、キャリアアップやスキルアップを求めて2～3年ごとに転職を繰り返そうとするのも現実的ではありません。転職は70歳までのキャリアを紡ぐ強力なカードですが、おそらく、そのカードを使うのは数十年間に数回程度。カードの切り時を間違えないようにしたいものです。20～30代の人であれば今の会社よりも明らかに成長機会が大きいと思った時、中高年層であれば明らかに処遇条件が上がると思った時が、典型的なタイミングかもしれません。

管理職にはなりたくない

今の会社で働き続けたい人が約4割、転職を考えている人が3分の1ほどいるわけですが、「現在の会社で管理職になりたい」人は、どれくらいいるのでしょうか。

管理職になりたい人は男女とも20代がピークで、男性36・5%、女性20・9%から年代が上がるにつれて急降下していきます【図表7】。管理職登用が本格化する30代では、男性29・5%、女性16・1%しか希望者がいません。もちろん「管理職になりたい人＝管理職になれる人」ではないものの、管理職と専門職を本人希望で分ける人事制度は珍しくありませんし、希望者の中から登用していくのが現在の流れです。特に課長のようなファーストラインの管理職は部下一人ひとりのモチベーションや働きやすさと個別に向き合うピープルマネジメントの負荷が非常に大きく、ハラスメント対策や働き方改革の対応で煩雑になり、責任ばかりが重くのしかかってきます。管理職は、それにコミットできる人にしか務まりそうもありません。前著『人事ガチャの秘密』（中公新書ラクレ）で、「もし管理職になりたいのであれば、あなたが管理職を目指しているという旗印を明確にすることが早道」だと書きました。その状況は変わりません。30代の人であれば、本気で目指すのならファーストラインの管理職になれる確率はそれなりに高いと言えるかもしれません。女性なら、その確率はさらに高くなりそうです。多くの企業が女性管理職比率を上げようとポジティブアクション（女性社員の活躍推進）に取り組んでいますが、経年変化を見ると女性は20代・30代とも多少の上下変動はあるものの、２割前後の水準で推移しており、管理職希望者は増えていません【図表８】。むしろポジティブアクションのおかげで女性の管理職希望者が減っていないという見方もできます。

というのは、男性は20代・30代とも、このデータを取り始めた２０

図表７　現在の会社で管理職になりたい　年代別・性別

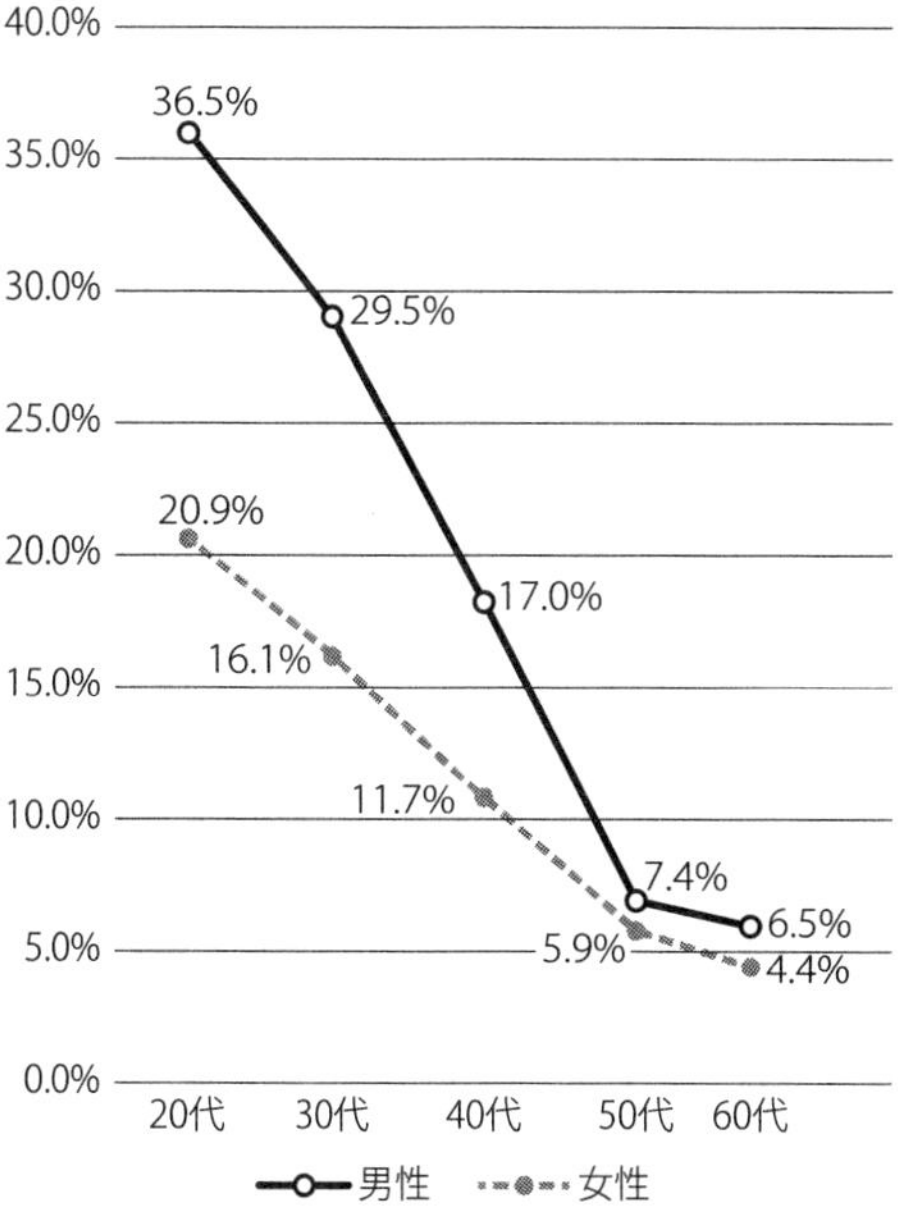

出所：パーソル総合研究所『働く10,000人の就業・成長定点調査2024』から正社員のデータを抽出し筆者作成

18年から8ポイント以上も管理職希望者が減少しているのです。おそらく、有効な施策を講じなければ、男女とも20～30代の管理職希望者は減っていくというのが妥当な見方です。昔は当たり前だった「現在の会社に勤め続けて管理職になりたい20～30代」は、今では希少な人材になりつつあります。特に、企業目線で見ると、勤続意欲も管理職志向も顕著な下降傾向にある男性20～30代を企業内でどう育成して、どう活躍してもらうのかが大きな課題になっています。若手社員から見ると「管理職はタイパが悪い」。要するに「割に合わない」という捉え方が定着しつつあるのかもしれません。

一方で、管理職になろうとしてもなれないのが中高年層です。40代では、「現在の会社で管理職になりたい人」は男性17・0％、女性11・7％です。60代でも管理職になりたい人が5％前後いますが、実質的には40代半ば以降は管理職登用適齢期を過ぎており、新たに管理職として登用されることはほとんどなくなります。そして、50代半ば以降では役職定年などで管理職から外れる人が大勢出てきます。すでに管理職に就いている人も、役員クラスまで昇進できる人以外は「管理職であり続けたい」と思っても、遅からずポストを外される運命です。もちろん、年齢を基準にして管理職の登用や降職をコントロールするのはいかがなものかという議論がある一方、管理職ポストが増えない中で中高年層が多く若年層が極端に少

図表８　現在の会社で管理職になりたい　20代・30代、経年

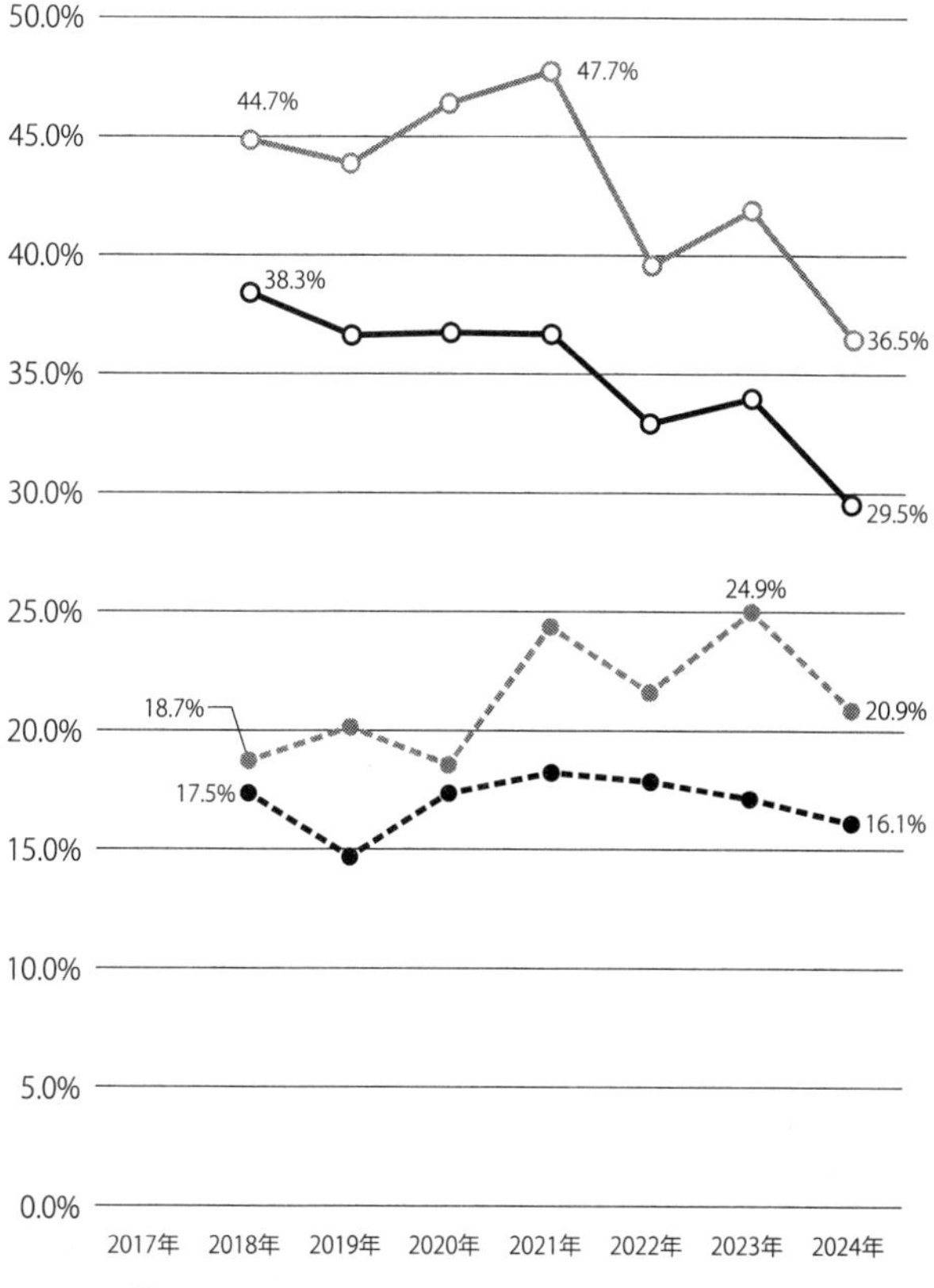

出所：パーソル総合研究所『働く10,000人の就業・成長定点調査2024』から正社員のデータを抽出し筆者作成

ないワイングラス型の労務構成では、役職定年制がなければ若手人材の登用が難しい実態があります。主に1986〜1991年に就職した大量採用の「バブル入社組」はおおむね50代半ばから60歳前後であり、企業の中で大きな塊になっています。そろそろ定年に差しかかる世代ではあるものの、雇用延長で65歳まで、もしくは70歳まで管理職のままだと若い世代の昇進の壁になってしまうので、役職定年制度などの役職離任施策が欠かせないわけです。それは同時に、中高年層の大勢の非管理職の人たちの活躍場所と処遇を何とかしなくてはならないという課題を企業が背負うことでもあります。

もう年功処遇は期待できない

さて、本書のメインテーマは、「ふつうの会社員」が70歳までどこかの企業で働き続けようとした時に、どのようにキャリアを作っていけばよいのか、そのヒントを提供することです。管理職を選ぶのか、専門職を選ぶのか。管理職を選ばないからと言って、それで即、「企業から必要とされる専門職」だというわけではありません。現状、企業には65歳までの雇用責任があるので、「管理職でも専門職でもない人」であってもそこまでは勤め続けることができるでしょうが、処遇水準はあまり期待できません。「ふつうの会社員」が相応の処遇を得るには、四十数年から50年前後の期間を通じて「管理職か、企業から必要とされる専門職」であり続ける必要があります。今の企業に勤め続ける場合も、転職する場合も同じです。

若手人材に管理職になりたい人が少なく、今の会社にもこだわっていないこと。そして、「管理職でも専門職でもない人」を大勢抱えるワイングラス型の労務構成がしばらく続くこと。これらは、企業の人事施策に非常に大きなインパクトを与えています。もうかつてのような年功色の濃い人事制度ではどうにもならなくなってきています。そこで、企業が見出した有力な解決策の1つが、「ジョブ型人事制度」であり「職務給」です。「うちの会社にはもう導入されているよ」という人もいれば、「まったく聞いたことがないし、なんのことだか分からない」という人もいるでしょう。まだ、導入が始まって、普及しつつある過渡期ですし、一口にジョブ型人事制度や職務給と言っても、実際にはいろいろな形があるのです。

今は関係ないと思っていても、「ふつうの会社員」にとって、これからあなたの勤め先や転職先にも広がっていくであろうジョブ型人事制度や職務給の理解は欠かせません。次章から、調査に基づく実態や今後の方向性、キャリア作りのポイントなどを詳しく説明していきます。

第2章　企業が考えていること

6割以上の企業が「ジョブ型」や「職務給」に前向き

日立製作所、KDDI、富士通、資生堂など、名だたる大企業で「ジョブ型人事制度」や「職務給」の導入が相次いでいます。現在、ジョブ型人事制度を導入済みだったり導入検討中だったりする企業はおよそ6割です。パーソル総合研究所の「ジョブ型人事制度に関する企業実態調査」（2021年）ではジョブ型人事制度導入企業が18・0%で、導入検討中の企業39・6%と合わせると57・6%がジョブ型に前向きです。日本能率協会の「当面する企業経営課題に関する調査―組織・人事編2023―」でも、ジョブ型の人事・評価・処遇制度を何らかの形で導入している企業が2割以上、導入検討中の企業は4割台、合計すると6割を超えます。また、職務給の導入状況を見ると、労務行政研究所の「基本給の昇降給ルールと賞与制度の最新実態」（2023年）によると、管理職層では職務給または役割給を導入している企業が約70%、一般社員層でも約50%です。

「ジョブ型人事制度ってなに?」「職務給ってなに?」という方のために、まず、基本のところを簡単に説明しておきます。

人事制度や給与制度には、大別して「ヒト」基準のものと「仕事」基準のものがあります。「ヒト」基準とは、その「ヒト」の能力や経歴などに応じて等級や給与を決めるやり方です。職能等級や職能給、年齢給などは「ヒト」基準です。家族手当も、その人の扶養家族数に応じて支払うので「ヒト」基準です。一方、「仕事」基準は、「人事課長は7等級で月給70万円」というように、誰が担当するかとは関係なく、「仕事」そのものに応じて等級や給与を決めるやり方です。職務等級や職務給、役職手当などは「仕事」基準です。職務を大括りで捉える役割等級や役割給も同様です。

なぜ今、「ジョブ型人事制度」や「職務給」に関心を持つ企業が多いのでしょうか。

少し人事に詳しい人に尋ねると、「ジョブ型や職務給って、欧米の仕組みですよね。人事もグローバルスタンダードに合わせなければ通用しない時代だからじゃないんですか」という答えが返ってきそうです。確かに、報道で取り上げられる企業事例のほとんどは大規模にグローバル展開を行っています。その意味では、この回答も外れではないのですが、日本におけるジョブ型や職務給の導入はグローバル企業に限った傾向ではありません。むしろ、日本企業の固有事情がジョブ型や職務給の導入を後押ししている面があります。ジョブ型や職務給が注目される背景は、「人件費の合理性」向上に対するニーズと「タレントマネジメン

図表9　ジョブ型人事制度・職務給の導入背景

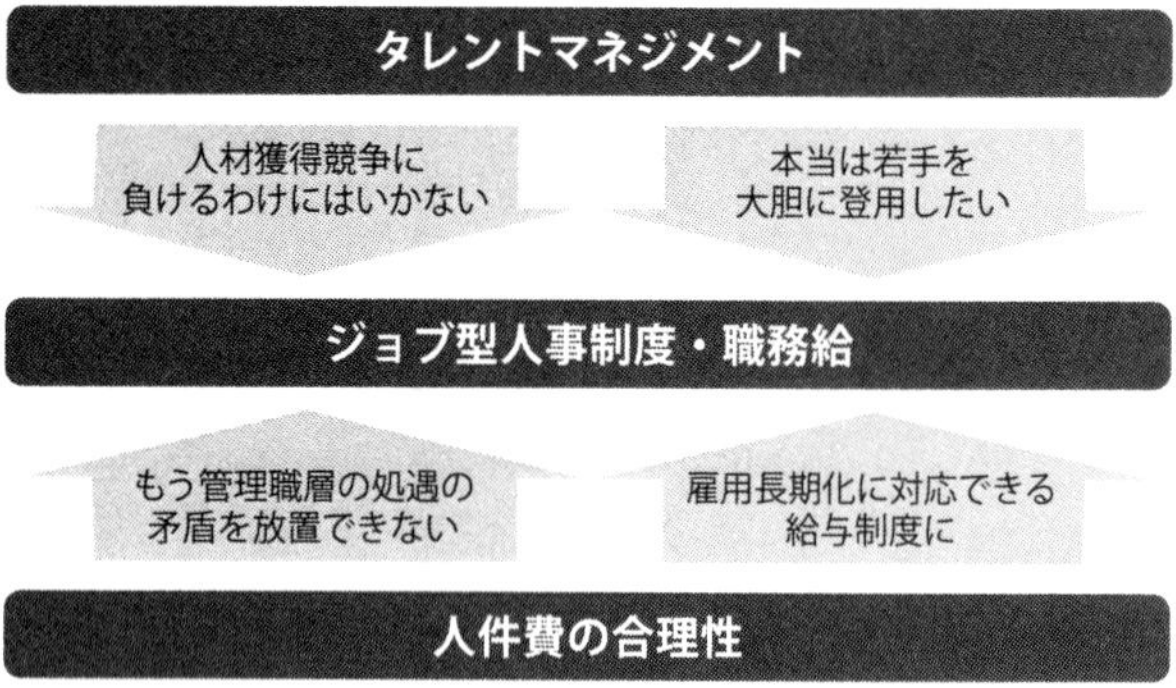
タレントマネジメント
人材獲得競争に負けるわけにはいかない
本当は若手を大胆に登用したい
ジョブ型人事制度・職務給
もう管理職層の処遇の矛盾を放置できない
雇用長期化に対応できる給与制度に
人件費の合理性

出所：筆者作成

ト」（後述）推進上のニーズに大別できます【図表9】。

管理職層の処遇の矛盾を放置できない

企業がジョブ型人事制度の導入を進めている主な目的の1つは、「人件費の合理性」を高めることです。パーソル総合研究所の「ジョブ型人事制度に関する企業実態調査」（2021年）ではジョブ型人事制度の導入目的（複数回答）として、「従業員の成果に合わせて処遇の差をつけたい」が65・7%と最多で、「戦略的な人材ポジションの採用力を強化したい」（55・9%）、「従業員のスキル・能力の専門性を高めたい」（52・1%）がそれに続きます。日本能率協会の「当面する企業経営課題に関する調査―組織・人事編2023―」でも、ジョブ型の導入目的（複数回答）は、「役割・職務・成果を明確にし、それらに応じた処遇を実現するため」が74・6％と最も多く、次に「専門性の高い人材を育成・活用するため」「社員のキャリア自律意識を高めるため」が４割前後です。両調査とも、仕事と処遇との関係を見直すことが、ジョブ型人事制度導入の主目的であることを示しています。企業にとって、ジョブ型人事制度の導入とは、まずは「仕事に応じて給与を決めたい」、つまり、職務給を導入したいということなのです。

たいていの企業において、仕事と処遇との関係で最も矛盾が目立つのが管理職層です。これまで、多くの日本企業は能力主義の等級制度（職能資格制度）を採用してきました。長く職能資格制度を運用していると、管理職層は、ごった煮状態になります。職能資格制度には等級別の定員枠がありません。たとえば、課長ポストがなくても、「課長が務まる能力」があれば課長相当の等級に昇格できます。本当に課長が務まる能力があればまだよいのですが、かつては「総合職は課長相当の等級までは昇格させてやりたい」という年功運用を行ってきた企業も珍しくありませんでした。一旦、昇格すると、原則として「職能資格に降格なし」です。こうして、課長相当の等級には公式組織の長としてのライン課長だけでなく、ポストに就いておらず専門職としても実力が少々怪しい人なども在級することになります。ライン課長、専門職、「どちらでもない人」のごった煮です。

典型的な職能資格制度の給与制度は、等級が同じであればライン長であっても「どちらでもない人」でも基本給（職能給）の下限・上限は共通で、その範囲内で定期昇給があります。在級年数が長いと定期昇給が積み上がっていくので、年功で職能給の上限に近づいていきます。ちなみに、年功の「年」を「年」齢のことだと思っている人がいますが、そうではなく、勤続「年」数です。そして、「功」績を見るので、昇給や昇進昇格が一律というわけでもありません。年功は、勤続年数で累積する各人の功績によって等級や給与が決まる仕組みです。現時点の実力よりも累積がものを言いますから、勤続年数が長いほど処遇が高くなります。その結果、ライン長と「どちらでもない人」の給与差は役職手当の差額分くらいで、両者似たような額だったり、場合によっては「どちらでもない人」のほうが高かったりするわけです。

これを企業側から見ると、課長ではない人にも課長と同程度か、それ以上の給与を支払うことになるため、職能資格制度は「割高なシステム」と言われています。そうでなくても「管理職になりたくない」という声も多く聞かれる中、これでは、企業自らが「管理職は割に合わない」ことを黙認しているようなものです。若手管理職の不満の一端もここにあります。職能資格制度を採用している企業も定期昇給を廃止したり、降格制度を導入したりと、さまざまな改編を行ってきていますが、管理職層については職責や役割の重さと給与処遇との不整合が大きすぎて、もはや職能資格制度のリニューアルではどうにもならない企業が増えているということです。

ちなみに、職能資格制度では、ずっと同じ課長ポストに就いたままでも「部長が務まる能力」があれば部長相当の等級に昇格できます。つまり、直属の上司と部下が同じ等級になることもあるわけです。社員側からすると職能資格制度は昇格余地が大きく、優しい制度だという見方もできますが、大きな矛盾を孕《はら》んでいます。

雇用長期化に対応できる給与制度に

管理職層ほどではないにしても、仕事と処遇の不整合は一般職層でも見られます。40代前半くらいまでは第一線で仕事をバリバリこなして、管理職手前の等級まで順調に昇格する人は珍しくありません。「ふつうの会社員」の典型像と言えます。まさに各部門の基幹戦力として期待されているミドルパフォーマーです。そこまではよしとして、問題はここからです。

中高年になるにつれ、勤続疲労やマンネリ、陳腐化でパフォーマンスが落ちていく人もいます。ベテランになると周囲からの期待値が上がってくるので、これまで通りのパフォーマンスや仕事ぶりを維持しても、ミドルパフォーマーだったはずが、いつの間にやらローパフォーマー扱いです。それでも、定期昇給制度があれば、その等級の給与レンジの上限までは何がしか昇給していきますし、「職能資格に降格なし」の運用で一般職層の最上位の等級に張り付いたままというのは、よくあるパターンです。それで管理職手前の等級は肥大化していくのです。

大量採用の「バブル入社世代」は現在おおむね50代半ばから60歳前後で、定年後も65歳まで、あるいは70歳までの勤務を希望する人が多いことは、前章で触れた通りです。70歳までの雇用延長が要請される中、企業が高止まりしている中高年層の給与を何とかしたいと考えても不思議はありません。

ここで、中高年層の給与カーブを確認してみましょう。労務行政研究所の「高齢者の処遇に関するアンケート」（2024年）によると、定年まで昇給する企業が33・0％で最多、一定年齢以降「鈍化」が24・1％、「横ばい」が22・2％です。一定年齢で給与カーブが屈折する場合、その年齢は「55歳」が最多で52・3％です。定年後の給与は6割の企業が「減額横ばい」になり、60歳直前の年収に対する比率は、「60％台」が31・7％で最も多く、続いて「70％台」が26・7％です。つまり、「ふつうの会社員」は、55歳で昇給額が少なくなることはあるものの、過半数の人は定年まで何がしか給与が上がり続けます。55歳で給与が横ばいになる人も合わせると、8割の人は定年時が給与のピークになります。そして、定年を迎えると給与が3～4割減額されて再雇用になり、そのままの金額で65歳まで勤務するかたちです。企業視点で見ると、バブル入社世代は定年に差し掛かりつつあり、定年を境に再雇用後の給与を減額するので、とりあえず人件費対策としては一定の効果がありますが、大きな課題が残っています。それは、年齢を持ち出さなければ説明できないという点です。

一般社員層の中高年者の場合、「今できていることを継続させる。あえて異動させて強みを削ることはないと考えている」企業が多いため、定年後も同じ仕事を担当し続ける人が大半です。社員視点で見ると、「定年までは給与が上がるのでよいけれど、再雇用になったとたんに同じ仕事なのに給与が3割減なんてモチベーションが下がるなぁ……」というところでしょうか。

「同じ仕事なのに……」という点では、正社員と同じ仕事をしているパートタイマーや派遣の人も同様です。「同一職務同一賃金」という原則があります。これは、同じ企業・団体内において、正社員と非正規雇用労働者（有期雇用労働者、パートタイム労働者、派遣労働者）

との間の不合理な待遇差を禁止するものです。

同一労働同一賃金の原則は、定年後再雇用で正社員から契約社員、嘱託社員などの有期雇用になる場合にも適用されます。文字面からすると、同じ仕事であれば全く同じ給与でなくてはならないように見えますが、定年後再雇用で処遇を見直すこと自体に問題があるわけではなく、「不合理」な待遇差があってはならないということです。どの程度であれば不合理なのかというと、同じ仕事なのに定年後再雇用者の基本給と賞与が定年前の6割を下回るのは不合理な待遇格差に当たるという名古屋地裁・高裁の判例がありますが、最高裁は判断を覆し、高裁に差戻しています（名古屋自動車学校事件）。減額幅がいくらまでというより、その格差を合理的に説明できるかどうかが論点だということのようです。

中長期トレンドとして労働力不足は確定的だとはいうものの、70歳までの雇用延長については、企業側からすると「気が進まないが対応せざるをえない」という側面がなくもありません。つまり、「役に立つシニアの雇用延長は歓迎だが、全員対象は荷が重い。せめて、給与を仕事に見合ったかたちにしたい」ということなのです。正社員から定年後再雇用へ、さらにはパートタイムや派遣労働者も含めて、雇用区分の違いを超えてシームレスに合理的にとなると、そもそも正社員の給与が「仕事」で説明できるようになっている必要があるというのが、1つの答えです。雇用長期化を見据えると、正社員へのジョブ型・職務給導入が有力な選択肢になります。

人材獲得競争に負けるわけにはいかない

ジョブ型人事制度や職務給が注目される背景にあるものは、人件費の合理性だけではありません。人件費の話をすると、「会社はジョブ型や職務給で給与を下げることしか考えてないのでは……」と思われるかもしれませんが、そんなことはありません。ある面、企業は人件費の縮減よりも、適所適材の採用・配置、リテンション（退職防止）など、「タレントマネジメント」上のニーズを重視しています。

タレントマネジメントとは、典型的には「経営戦略推進に向けて、各ポジションに最適なタレント（才能）を確保するマネジメント施策」です。例えば、次世代経営者にふさわしい人材を発掘・選抜し育成することはタレントマネジメントの最重要課題ですし、新規事業分野の責任者をスカウトしてくることもそうです。また、IT人材の確保策を講じることなども当てはまります。

これまで日本の給与相場は業種や企業規模、年齢などの影響が大きく、職種による違いはそれほどありませんでしたが、近頃では採用需給がタイトなＩＴ系などの職種では、他の職種より高めの職種別給与相場が形成されつつあります。そのような職種においては、自社の総合職を前提とした給与水準では採用やリテンションがままならないという状況が顕在化してきているので、戦略推進上、ＩＴ人材が欠かせないということであれば、ＩＴ人材向けの給与テーブルを用意して人材確保しよう――それがタレントマネジメントの考え方です。需給タイトだということは、多くの企業が同じような種類の人材を欲しがって人材獲得競争になっているということです。

中には「若い人が欲しい」というようなポテンシャル採用のニーズもあるでしょうが、基本的にキャリア採用の場合は「セキュリティエンジニアが欲しい」とか、「ＩＲ（インベスター・リレーションズ）戦略企画ができる人が欲しい」とかいった具体的な「仕事」に紐づく即戦力ニーズが主であり、他社との人材獲得競争です。そのため自社の標準的な給与水準で人材確保できないのであれば、これまでの社内バランスを崩すことになったとしても仕事に応じた給与を支払うしかありません。こうして、需給タイトな職種については、転職市場を通じて給与相場が形成されていくわけです。そのような対象者が少数のうちは、個別事情を勘案した例外ということで済まそうとするかもしれませんが、これからもその職種の人材を多く採用していく予定があるとか、他にも同じような措置が必要な職種があるという状況になってくると、企業もジョブ型や職務給で制度的に対応したくなってくるわけです。

新卒については、ポテンシャル採用の総合職だけでなく、近頃は職種別採用やコース別採用が珍しくありません。たとえば、ソニーグループの採用は、技術／職種分類、事業／組織群、募集会社の掛け合わせで、数百以上のコースに分かれています。NTTデータは、SE・コンサル・営業コース、建築系ファシリティマネジメントコース、法務スタッフコースなど6つに分かれて、それぞれが職種に紐づいています。資生堂は、セールス、ブランドマーケティングなど4つのコースです。これら新卒の職種・コース別採用は必ずしも給与水準の違いがあるわけではありませんが、「やりたい仕事に就きたい」という新卒のニーズに応えて、必要ポジションの人材を確保するためのジョブ型の施策です。「やりたい仕事が就職時点で決まっていて配属を約束しなければ入社しない」し、「入社後も異動・配置先が希望に沿わなければ退職してしまう」という昨今の若手人材の行動パターンを、企業側も無視できなくなっています。職種やポジションを前面に打ち出さなければ新卒採用もスムースに進まない時代になりつつあります。

本当は若手を大胆に登用したい

タレントマネジメントとは、「経営戦略推進に向けて、各ポジションに最適なタレントを確保するマネジメント施策」です。これを言い換えると、「適所適材」の配置であり、ジョブ型の考え方そのものです。ちなみに、「適所適材」と「適材適所」とは異動配置のやり方が異なります。各ポジションに対して異動候補者リストを作成するのが「適所適材」、それに対して、異動候補者リストを作成してから異動先を探すのが「適材適所」です。適所適材は、まず、ポジションありきなのです。

「ジョブ型でなくても、会社は適所適材の配置をやろうとしているのでは？」という声が聞こえてきそうです。確かにその通りなのですが、それをやりやすいかどうかは別の話です。

たとえば、あなたの会社では25歳で課長になったり、30歳で部長に登用されたりするでしょうか。職能資格制度の役職登用は、基本的に役職昇進よりも「昇格先行」です。これは、課長ポストは、課長相当の等級の者の中から登用するという考え方です。まず、課長が務まる能力があるかどうかを見定めて、合格であれば課長相当の等級に昇格し、ポストが空けば登用されるというものです。課長の有資格者の中からの登用ですから、それなりに説得力があります。しかし、難点もあります。

資格昇格には、在級年数の縛りがある場合が一般的で、課長相当の等級に昇格するまでに相応の年数がかかってしまいます。これは、「職能資格に降格なし」なので、昇格判断は複数年かけてじっくり観察したうえで慎重に行うべきだという考え方によるものです。たいてい各等級に2～3年の在級年数基準が設けられているので、課長相当の等級にたどり着くにはそれなりの年数がかかってしまうのです。中には在級年数を「滞留年数」と呼んでいる企業もあります。もしあなたの会社が滞留年数という用語を使っているようなら、「うちの会社の人事はかなり年功的かも」と思って間違いなさそうです。近頃では在級年数基準を緩めたり、廃止したりする企業も増えてきていますが、職能資格制度下では残念ながらその効果は限定的で、将来に向けてはこれまでよりも多少早く登用できるようになるという程度です。

昨今は「経営戦略と人事戦略の連動」が重要視されていて、管理職登用の権限は人事部で中央統制するのではなく、各部門に委ねていく流れが強くなっています。とくに、プレイングマネージャーとしての役割が要求されるファーストラインの課長クラスは、主管業務分野の専門性が問われるので、各部門の意向が強く働きます。専門性が高い分野については、その分野の専門家にしか専門能力の判断ができません。また、経営戦略として事業構造改革を掲げて、これまで社内に知見が乏しい新規分野に挑戦する企業が増えています。そうすると、社内の管理職適齢期の社員の中にはその分野の専門能力が高い人材がおらず若手人材を登用したい、もしくは、自社の管理職よりかなり若くても社外から採用したいというニーズが強くなります。繰り返しますが、「経営戦略推進に向けて、各ポジションに最適なタレントを確保する」のがタレントマネジメントです。経営戦略推進上、若手人材の管理職登用や採用が必要なのであれば、在級年数縛りや年齢基準などは無用の長物でしかありません。ポジションの要件に見合う人材を登用する「適所適材」の配置をダイナミックに行うには、職能資格制度よりもジョブ型のほうが向いているのです。たとえば、ダスキンは、入社3年目以降であればどの階層からでも管理職に登用できる「ジョブ型管理職登用」制度を導入しています。新卒3年目でもポジション要件に見合えば管理職になれるわけです。

キャリア自律の表と裏

ジョブ型と職務給に関連して、もう1つ、気になるキーワードが「キャリア自律」です。あなたも会社で「これからはキャリア自律の時代です。みなさんのキャリア自律を支援します」などと言われているのではないでしょうか。キャリア自律とは、個人が中長期的に自分のキャリアに責任をもって主体的に考え、行動しようというものです。当たり前の話のようでありながら、かつては会社主導の人事異動の繰り返しでキャリアの方向性が決まり、個人としてキャリアをさほど深く考える必要がなかったことから、今になってキャリア自律が強調されているわけです。この「今になって」というところに注目です。2つの環境変化があります。

1つは、若手人材の動向です。新卒入社時の初期配属先だけでなく、その後の異動先についても自分で仕事を選びたいという人が増えています。「人材獲得競争には負けるわけにはいかない」ので、自分で異動配置先を選んで応募する社内公募制度（ポスティング制度）や自己啓発支援の充実が欠かせなくなっています。各ポジションの仕事内容や必要なスキルなどを明らかにして希望者を募る、それに向けた能力開発を支援するという考え方は、ジョブ型になじむものです。若手人材に向けては、キャリア自律は「あなたの希望に添えるようにいろいろ準備しているので、わが社を選んでください」というアピールです。

もう1つの環境変化は、雇用延長です。中高年層に向けては、雇用長期化に対応できる給与制度に移行したとしてもこれまでのように企業主導であれこれ世話を焼くには限界があるので、有り体に言えば、「自分のことは自分で考えて何とかしてほしい」というメッセージなのです。

このように、キャリア自律が示すものは受け手によって二面性があると言えますが、自分のキャリアを自分で考えて責任を持つことは、会社に言われるまでもなく当然のことです。そもそも、50年前後に及ぶかもしれない仕事人生を1つの企業だけに丸投げして託すのは少々無理があります。今後の仕事人生は、あなたが思っている以上に長くなるかもしれません。中高年の人たちも「今さらそんなことを言われても……」などと思わずに、キャリア自律を目指す必要があるのです。

人事部が考えていることは、人件費をコントロールしなければならない、人材を確保しなくてはならない、そして、その大前提として、長期化する雇用責任を果たさなくてはならないということです。それらを同時に果たす方法としてジョブ型と職務給が注目され、運用指針としてキャリア自律があるわけです。

今から何十年か前、筆者が企業の人事部に勤めていたころ、上司は口癖のように「会社は人さまの大切なご子息、ご息女を社員として預かっているので……」と言っていました。それゆえ企業は社員が定年退職するまで、ずっと目配りし続ける責任があるというわけです。おそらく今の人事部にその感覚はありません。だからと言って人事部が社員に対して冷淡になったのかというと、必ずしもそうとは言えません。前掲【図表4、5】の通り、30代以上では転職経験者が6割を超え、転職回数は30代で2・3回、40代以上では3回前後です。企業と従業員は「選び、選ばれる」関係になっています。いっそのこと「利用し、利用される」関係だと言ってしまったほうがすっきりするかもしれません。もう会社が社員の会社員人生に責任を持てる時代ではなくなっており、そうであるなら、企業としても社員にキャリア自律を推進・支援するほうが親切だという考え方もあるわけです。

以上見てきたように、企業に勤め続けようとしている人であっても、これからはキャリア自律を強いられます。ジョブ型人事制度をあなたのキャリア作りにしっかり利用することを考えていきましょう。

第3章

ジョブ型で変わる管理職層の位置づけと給与

誤解だらけのジョブ型や職務給

「ジョブ型を導入すると解雇しやすくなる／されやすくなる」と思っていませんか？　「職種や担当業務が変わると給料が変わる／職種や担当業務が変わらないと給料が変わらない」と思っていませんか？　ジョブ型については、雇用の話と人材マネジメントや人事制度の話とが混同されがちです。導入企業が増えているとはいえ、メディアで極端な事例ばかりが取り上げられがちなせいか、人事部や経営者にも日本における職務給導入企業の実態があまり正確に伝わっていません。ましてや、「ふつうの会社員」が抱くイメージは誤解だらけだと言ってよさそうです。

たとえば、解雇についてはジョブ型であろうがなかろうが扱いは同じです。無期雇用のいわゆる正社員は、勤務先にジョブ型や職務給が導入されてもこれまで通り定年まで、そして、定年後も本人が希望するなら65歳まで勤務し続けることができます。これは「雇用」の話で、法律で決まっています。正社員であれば、ジョブ型に特別な解雇ルールが適用されるわけではなく、企業によって扱いが変わることもないので安心してください。

では、ジョブ型人事制度や職務給はどうかと言うと、こちらは雇用の話ではなく「人材マネジメント」のやり方の話です。人事制度は各企業がそれぞれの考え方に基づいて広範な裁量度を持って自社の制度を作り、運用しています。そのため、ごく大雑把には、ジョブ型人事制度は職務によって社員の処遇の基本になる等級が決まり、職務給は「職種や担当業務が変わると給料が変わる」と言えなくはないですが、具体的な制度体系は企業ごとに異なります。同一企業グループで共通性がある人事制度を導入していても、等級数や給与テーブルは各社の個別事情を反映してアレンジされているのが普通で、細部までまったく同じ制度を導入していることのほうが、稀《まれ》です。グループ会社なのになぜ制度が異なるのかというと、業種業態や地域など、各社の経営環境への個別最適を考慮する必要があるからです。そもそも、人件費水準を個別にコントロールしたいために別会社化しているケースも珍しくありません。

さて、職務給については、前提を整理しておきましょう。「無期雇用の総合職の基本給」の話とその他の話を切り分けておく必要があります。

パートタイマー、アルバイトなどの有期雇用の従業員は、たいていは従事する仕事ごとに雇用されており、すでにジョブ型雇用が一般的だと言えます。給与もその仕事に従事することを前提に設定されているので、もともと職務給のようなものです。また、無期雇用のいわゆる正社員であっても、コース別人事制度が導入されていて、採用時点で総合職と一般職・技能職・販売職などのコースに分かれている場合、総合職以外のコースは職務内容が一定の職種の範囲に限定されており、給与もコースごとに定められています。大括りに捉えると、それらの人たちもすでにジョブ型であり職務給のようなものです。それらに対して総合職は職務内容が「何でもあり」で、配属後も職種変更を含む幅広い異動を前提としていて、ジョブ型や職務給には馴染まないかたちです。多くの企業が頭を悩ませているのは、総合職に職務給を適用できるのかどうか、給与を仕事別にどう決めるかということなのです。

しかし、これまで総合職の給与が業務内容とまったく無関係だったのかというと、決してそんなことはありません。たとえば、役職手当や営業手当などは一般的です。それらは確かに仕事基準の給与なのですが、本書で取り上げようとしている職務給とは違います。仕事基準であっても、「手当」は給与全体からするとあくまで補助的な位置づけです。手当は仕事以外の基準で決まっている基本給に少し業務内容に応じた差をつけるだけですから、仕事基準で基本給そのものを決めようという職務給の考え方とは根本的に異なります。

「仕事基準で基本給そのものを決める」ためには、職務給という名称の給与項目があればよいということではありません。逆に、性質として職務給であっても会社によっては「役割給」や「本給」など、いろいろな呼び方をしています。肝心なのは名称ではなく、仕事基準の等級制度に紐づいた基本給であるかどうかです。あなたの会社の等級制度が、職務等級、ジョブグレード、役割等級などと呼ばれていれば基本的に仕事基準の人事制度であり、給与項目の名称がどうであれ、職務給的な方向を目指しているといってよいでしょう。

人事制度の中核は、等級制度、給与制度、評価制度の３つです。中でも等級制度は、人事制度の骨格にあたる制度です。等級制度が能力基準であれば給与制度も評価制度もそれに連動して能力基準になります。等級制度が仕事基準に変われば給与制度と評価制度も仕事基準に変わります。基本給を職務で決めようとすると仕事基準の等級制度を持つ必要があり、自社の職務給がどのようなものかを知るカギは、まずは等級制度を読み解くことです。するとジョブ型や職務給の実態が見えてきます。

ジョブ型人事制度・職務給の主要ターゲットは管理職層

ジョブ型人事制度や職務給の導入状況を見ると、一般社員層（組合員層）を含む全社員に導入する企業と管理職層だけに導入する企業とに分かれます。そして、一般社員層だけに導入する企業はありません。職務給というと、「営業担当者が総務部に異動するとどうなるのか?」というように、一般社員層の処遇ばかりが話題になりがちですが、企業の主な関心は一般社員層よりも管理職層にあります。第2章で見た通り、企業は、「管理職層の処遇の矛盾を放置できない」と考えています。実のところ、一般社員層は二の次です。

管理職層に注目すると、マネジメント職(ライン管理職)とプロフェッショナル職(専門職)を並立させる企業と、管理職層をマネジメント職だけに限定する企業に分かれます。「マネジメント職」「プロフェッショナル職」は、多くの企業の人事制度で使われている用語です。マネジメント職は、課長や部長などの組織長で、ライン管理職です。企業によっては課長代理などの補佐役が含まれていることがあります。プロフェッショナル職は、管理職層の非組織長です。基本的には専門職ですが、実態としては、あまり専門性が高くない人が含まれていたりします。

職務給の主要ターゲットは一般社員層よりも管理職層、中でも、マネジメント職です。職能給の場合は、まず、経営側の視点で仕事に取り組む能力がある管理職層と一般社員層の処遇を分けるという考え方ですが、職務給の場合は、実際に経営側の仕事の一端を担っているマネジメント職とその他を明確に区分しようという考え方です【図表10】。この「実際に○○という仕事を担当している人」という切り口が職務給の特徴です。これまで同じような職

図表10　職能給と職務給の処遇差別化対象の違い

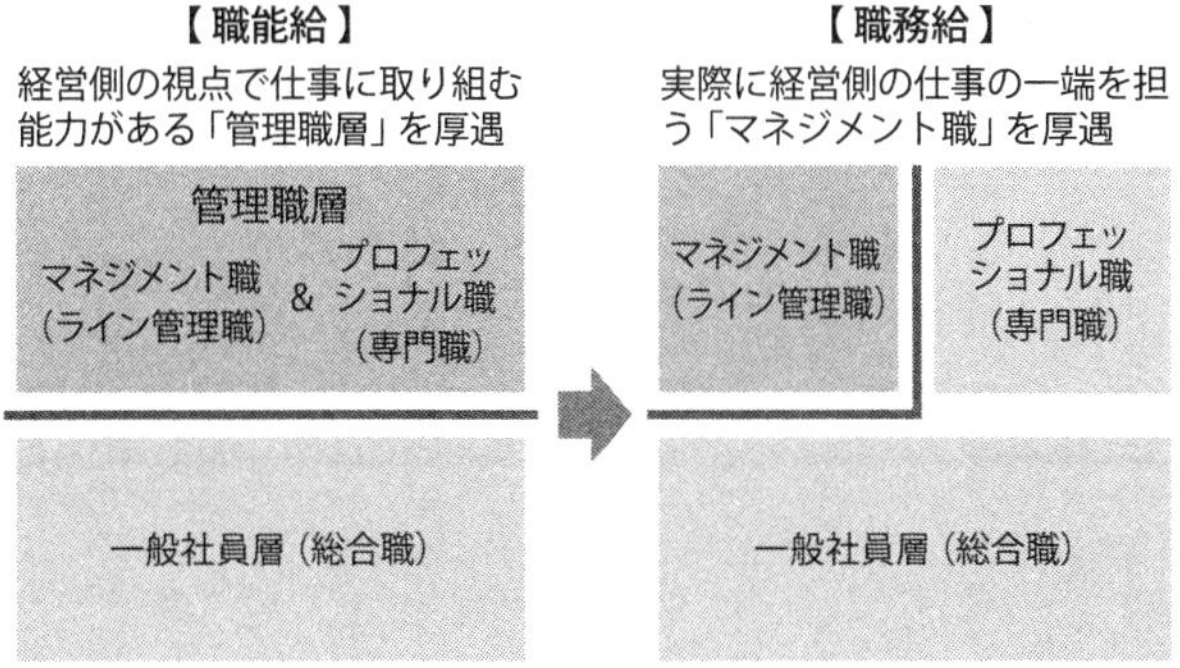

出所：パーソル総合研究所『職務給に関するヒアリング調査』一部修正

能給をもらっていた管理職層の中でも、マネジメント職とプロフェッショナル職の間で給与に明確な差がつくということです。ジョブ型では職責に見合った処遇という観点から、これまでよりもマネジメント職が厚遇されるようになります。ライン管理職でない人にも管理職の給与を支払う能力主義の人事制度よりも、実際のライン管理職だけに管理職の給与を支払うジョブ型のほうがライン管理職を厚遇しやすく、人件費の合理性が高まるので、この傾向は今後も強まっていくはずです。ライン管理職ポジションに就いている間は、基本的に処遇は優位です。

「部長より職務給が高い課長」がいてもいい？

マネジメント職の職務給の決め方を詳しく見ていき

ましょう。あなたは「部長より職務給が高い課長」がいてもいいと思いますか？　抜群の業績を挙げた営業課長が高額の業績賞与をもらって総務部長よりも年収が高くなるということはさほど珍しいことではありませんが、「基本給としての職務給」についてはどうでしょうか？　人事制度として、たとえば業務部長ポジションよりも営業課長ポジションの職務給のほうが高いというような設定を行うかどうかということです。職務給ですから、35歳の業務部長と55歳の営業課長を比較して……という話ではありません。誰がそのポジションに就いたとしても業務部長より営業課長の職務給を高くするかどうかです。

「部長より課長の職務給が高いのはおかしいのでは」と思う人もいるでしょうし、「それもあり得る」と考える人もいるかもしれません。実は、この答えは企業によって異なります。職務給を導入している大手企業にヒアリング調査を行ったところ、各ポジションの職務記述書（ジョブディスクリプション、ＪＤ）を作って職務評価を行う企業は、部長ポジションより職務給が高い課長ポジションがあり得るという回答でした。

職務記述書とは、各ポジションの業務内容や責任・権限の範囲、必要とされるスキルなどをまとめたものです。欧米のジョブ型雇用では、担当する職務を職務記述書であらかじめ明示したうえで雇用契約を結ぶので、必須の書類です。各ポジションというのは、単に課長というような役職の括りではなく人事課長、経理課長、営業第一課長、営業第二課長……というような具体的な担当職務を指します。そして、各ポジションの職務記述書で定義された役割と責任の大きさを評価して職務等級を決めるという考え方です。職務評価の結果は必ず課長よりも部長が上になるとは限らず、中には部長ポジションより職務評価が高い課長ポジションがあったりします。職務給は職務等級に連動するので、課長の給与のほうが高くなることがあるわけです。

「日本でもジョブ型の企業は職務記述書を作って、職務評価をしているんじゃないの？」と思われるかもしれませんが、実際にそのようなアプローチをとる企業は一部だけで、多数派とは言えないのが実態です。

ポジション別の職務記述書の作成とメンテナンスには膨大な手間がかかります。企業のコメントを紹介します。

「職務記述書をすべてのポジションに導入して、スキルを可視化している。現時点では1400職種のJDで全社を網羅していて、例えば、人事であれば採用、事業所人事などのJDがある。それらが職務等級別に分かれていて、各等級の仕事が定義されている。JDは大項目・中項目・小項目のようになっていて、大項目が職種で、例えば〝人事〟。中項目は〝採用〟などで、それが〝新卒採用〟や〝ブランディング〟などの小項目に分かれている。等級は10等級まであるが、必ずしもすべての職種が全等級に対応しているわけではなく、採用であれば、3等級から8等級までになっていて、5等級以上であれば採用のマネジメント職かプロフェッショナル職という考え方」（電機メーカー人事部）

職務記述書は、一度作ればそれでよいというものではなく、仕事の変化に合わせたメンテナンスが必要です。

「JDのメンテナンスは人事部の管轄だが、職種ごとにオーナーを置いていて、オーナーの判断で追加削除している。JDの追加要望を現場から上げてもらって作成し、追加していく。3年使われていないJDは消していく。オーナーは事業所長レベルが務めている」（同上）

「1ポジション1JDの仕組みを100％完璧に回していくのは、かなりのコストがかかる。正直なところ、いま運用できているかというと、本当にギリギリな状況。グローバルでは組織改正等がかなり頻繁に行われているので、会社の目指す方向性に対して運用がついていけない状況になりつつある。一つひとつのJDを人事部が見ていくというのは限界に近い。目指すべき方向性の1つは、事業サイドが事業環境などに合わせて柔軟に組織設計や、それに伴う職務等級格付を自律的に行うということ」（化学メーカー）

職務記述書の整備には、人事部だけでなく事業部門にも大きな負荷がかかります。なぜそこまで手間をかけて個別ポジションの職務記述書を作るのかというと、「**事業戦略に応じて組織とポジションが決まり、各ポジションの職務記述書を基にした職務評価で職務給が決まることが重要**」（同上）で、それがグローバル環境で社員に対して説明可能な人事制度だという考え方なのです。

とくに、一般社員層を含む全社員に職務給を適用する企業からは、「海外のグループ企業はすべて職務給なのに日本の本社だけがそうでないので、海外に合わせた」との声が少なくありません。大規模にグローバル展開している製造業に比較的多いパターンです。

あなたの会社がジョブ型を導入しているなら、ぜひ個別ポジションの職務記述書があるかどうかを確認してみてください。部長ポジションより上位の課長ポジションがあるかどうかは、社員に公開されていないかもしれませんが、職務記述書の有無は分かるはずです。職務記述書があれば、あなたの会社はかなりグローバル志向が強く、ジョブ型や職務給を欧米風に運用しようとしている企業だと言ってよいでしょう。

職務記述書を作らないジョブ型もある

ジョブ型には個別ポジションの職務記述書が必須なのかというと、実態としては、作成しない企業のほうが多数派です。それらは「なんちゃってジョブ型」なのかというと、必ずしもそうとも言えません。欧米流のジョブ型とは考え方が異なるパターンがあるのです。ポジション別の職務記述書を作らないといっても、それに代わるものが全く何もないわけではなく、たいてい、職務を大括りにした「役割」の定義や、職責の難易軽重を判断するための評価基準が設定されています。

「職務記述書は作っていないが、いくつかの指標でポジション評価を行っている。評価指標は業務の複雑性と創造革新性、影響範囲の大きさ、判断がどれだけの会社に影響するか、そして、定量的には配下の部下人数など。総合的なランクは公開しているものの、細かい評価自体は非公開になっている。職務評価は社内で行っており、最終的には人事が決めている。社員からはブラックボックスと見られているかもしれない」（食品メーカー）

職務記述書を作成しない企業は、「本部長＞部長＞課長という役職位序列ありき」、すなわち、「そもそも課長ポジションよりも部長ポジションのほうが職責上、上位であり、部長ポジションよりも本部長ポジションのほうがさらに上位である」ことを大前提にしています。組織設置基準などであらかじめ組織編成をコントロールしているのだから、わざわざ課長ポジションと部長ポジションの職責を比べる必要はないという考え方なのです。むしろ、これらの企業は課長や部長に登用した人の給与を役職位序列に沿ったかたちに整備したいがために職務給を導入しているとも言えます。この職務記述書を作らないアプローチは、日本的と言えるかもしれません。

役職位序列に沿って管理職ポジションを並べた後は、「部長は部長」ということですべての部長ポジションを同一等級にするか、それとも「特に大規模な組織の部長∨標準的組織の部長∨小規模な組織の部長」などのように、同一役職位であっても等級をいくつかに分けるかを決めていくということになります。いずれにしても、課長ポジションは部長ポジションより下位です。等級の分割のあり方に関する企業のコメントを紹介します。

「**職務記述書を書いてみて、影響度や部下の多さなど、いろいろな軸を試してみたが、課長ポストはそれほど個別に大きな差がないという感じがあった。課長はマネジメントの実務があるので職責の大きさが極端に大きくなったり、小さくなったりということがない。スパン・オブ・コントロール（上司が直接管理する適正部下数）の考え方から、むしろ課組織の大**

図表11　マネジメント職の格付方法の違い

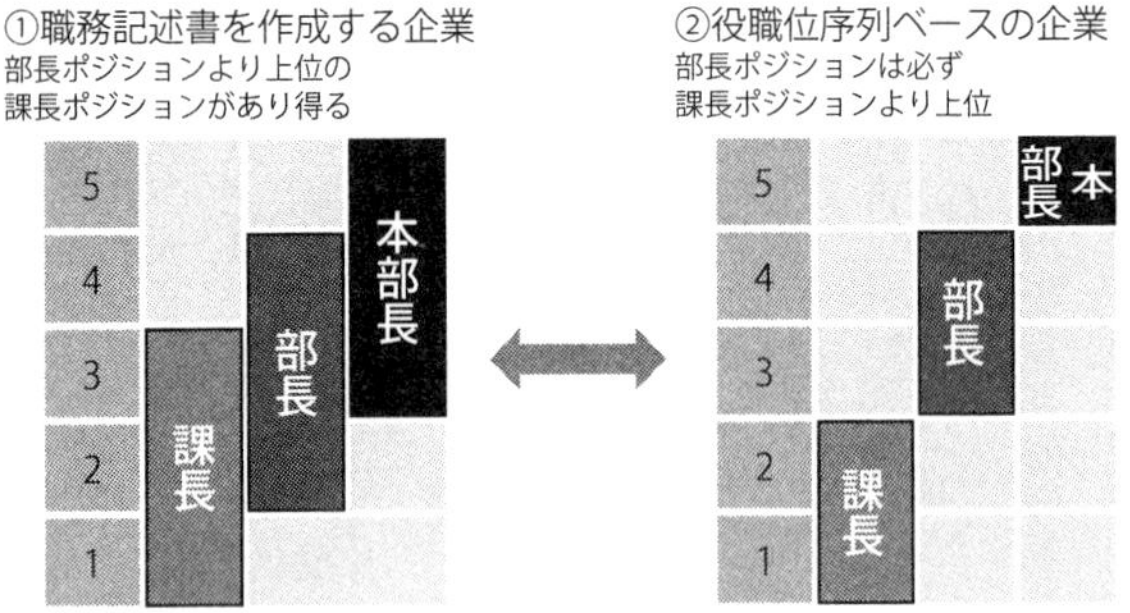

出所：パーソル総合研究所『職務給に関するヒアリング調査』一部修正

きさをきちんとしようという考え方で、規模が大きすぎるのであれば組織を分割するほうが多い。部長ポストは、組織の大きさや経営への関与の仕方で差がついてくる」（上記とは別の食品メーカー）

　これは1つの事例に過ぎませんが、ファーストラインの管理職である課長は、昨今とくに1on1などのピープルマネジメントの負荷が増大しているので、管理できる部下の数には一定の物理的限界がありそうです。

　さて、このように職務記述書を作る企業と作らない企業があるわけですが、それぞれ異なるニーズがあり、それに応じたアプローチを採用しているわけです。一概にどちらが正しいとか優れているとは言えません。要するに2通りのやり方があるということです。

　両者を見比べてみましょう【図表11】。図の縦軸1〜5は職務等級で、上位等級ほど職責が大きく、職務給が高くなります。①「職務記述書を作成する企業」は部長ポジションより上位の課長ポジションがあり得るかたちで、②「役職位序列ベースの企業」は部長ポジションは必ず課長ポジションより上位になるかたちです。基本的に、①はジョブ型としての説明性を重視し、②は役職位と職務給との整合性を重視する傾向があります。

「なんちゃってジョブ型」企業も多い

ジョブ型人事制度である以上、①②ともに縦軸を仕事基準で運用することがポイントです。当たり前のようでいて、必ずしも趣旨通りに運用されるとは限らないのが人事制度です。

①では、純粋に仕事基準で各ポジションを評価した結果として、ある課長ポジションは3等級で、ある部長ポジションは2等級ということであれば趣旨通りですが、ベテラン課長がおおむね3等級で若手部長が2等級に格付されているようでは、ジョブ型としては少々怪しげです。2等級はたいてい課長だが部長ポジションに就くこともあるといった職能資格的な運用になっていたり、諸般の事情で2等級に降格できない課長がいるので課長の枠を3等級まで延ばしていたりというのも、ありがちな話です。

②では、役職位がポジションではなく、人に紐づいているような運用も散見されます。部

長は部長ポジションに就いているから部長なのであって、ポジションから外れたらもはや部長ではありません。これも当たり前の話ですが、ジョブ型では部長でなくなると降格になり、職務給は減給になります。ポジションから外れる理由は、必ずしも業績不振や本人の問題だけとは限りません。人事部としては仕事基準で割り切って運用しようと思っていても、現場の事業部門から「あの人は部長だから、どこか部長ポジションを作ってあげないと……」という声が上がることは日常茶飯事です。しかし、そのような運用では制度の体裁が整っていたとしても、「なんちゃってジョブ型」です。結局のところ、運用がどうなるかです。

職務等級が属人的になってしまうのはいただけませんが、中には、等級制度を職務等級と職能等級との二本立てにするなどのやり方で、意図的に「なんちゃってジョブ型」を選択する企業もあります。属人要素は職能等級に反映させて、職務等級は仕事基準で割り切って運用できるようにしようという考え方です。このようなハイブリッド型の制度も日本的なジョブ型の1つのあり方です。

実は、日本の人事制度のスタンダードだった職能資格の給与も、同じような考え方で組み立てられています。基本給は職能給と年齢給の組み合わせになっており、これも年齢給を設けることで職能給は能力基準で割り切って運用できるという考え方でした。実際には、年功的な昇格運用や定期昇給の累積によって必ずしも狙い通りの効果は得られませんでしたが、年齢と能力（職能給）という属人的な要素同士の組み合わせよりは、能力（属人基準）と職務（仕事基準）の組み合わせのほうが両者の違いがはっきりしているため、運用がうまくいくかもしれません。

図らずも「なんちゃってジョブ型」になる企業と、意図的に選択する企業とがあるものの、実態としては「なんちゃってジョブ型」企業は大きな割合を占めそうです。いずれにしても制度の設計趣旨に近づけていくためには、まずはライン管理職ポストの「適所適材」配置の徹底がカギになります。

ジョブ型人事制度導入企業の3つのタイプ

前項では「なんちゃってジョブ型」という言葉を使いましたが、改めて、もう少し詳しくジョブ型人事制度のタイプを整理しておきます。日本の職務給導入企業、すなわち、仕事基準の等級制度を持つジョブ型の企業は、基本ニーズの違いや職務記述書の有無などから、「グローバル志向型」「組織長厚遇型」「フレキシブル型」の3つのタイプに大別できます。それぞれのタイプの特徴を見てみましょう。

【タイプⅠ：グローバル志向型】

グローバル環境への適合を強く意識する企業です。日本における狭義のジョブ型企業であり、メディアで紹介されているのは、たいていこのタイプです。管理職層だけでなく、一般社員層を含めて全社員に職務給を適用します。営業課長、経理課長など個別ポジションの職務記述書を作成して職務評価を行ったうえで職務等級を決めるので、部長ポジションより上位の課長ポジションがあったりします。職務記述書の作成とメンテナンスはかなり手間がかかるプロセスですが、「職務記述書を起点にした説明可能な人事制度であること」を最重視しています。また、基本的に社命異動は行わず、異動配置は社内公募が中心です。

【タイプⅡ：組織長厚遇型】

管理職層を主な対象として職務給を導入し、マネジメント職とそれ以外の処遇差を明確にすることに優先順位を置く企業です。マネジメント職の厚遇はジョブ型企業全般に当てはまる傾向ですが、「組織長厚遇型」企業ではとくに顕著です。職務記述書を作成する企業は稀で、「本部長＞部長＞課長」といった役職位序列を基に職務等級を決め、「部長は課長よりも給与が高い」ことを重視しています。管理職層はマネジメント職のみとする企業も散見されます。プロフェッショナル職は、IT系など採用需給がタイトな特定職種への対応に限定し、一般社員層については職務給を導入しない企業も多く見られます。異動配置は社内公募を活用しつつも、基本的に社命異動重視です。

おそらくタイプIのグローバル志向型の企業から見ると、このタイプの企業は「ホンモノのジョブ型ではない」と思われていそうです。しかし、組織長厚遇型の企業も、明確に自社は「ジョブ型を導入している」と位置づけて職務給を運用しています。これは日本的ジョブ型の1つのかたちです。

[タイプⅢ：フレキシブル型]

基本給全体を職務給にしようということではなく、職務給（職務等級）と職能給（職能等級）のハイブリッド型や、仕事を大括りで定義する役割給などを採用し、柔軟に職務給的要素を取り入れようとする企業です。これまでの職能的な人材マネジメントの利点を温存したうえで給与の職務要素を高めようとしているため、担当職務だけで等級が決まるわけではなく、職能的要素を制度として温存している点が特徴です。異動配置は組織長厚遇型と同じく、社内公募を活用しつつも、社命異動を重視しています。ライン管理職から専門職へ、また、専門職からライン管理職への双方向配置も柔軟に行う傾向があります。

必ずしも自社の制度をジョブ型と言い切ってはいないものの、属人的要素が主体の職能資格制度と比べると職務要素がかなり強まっており、広義のジョブ型と捉えることができます。良い意味で意図的な「なんちゃってジョブ型」だと言えるかもしれません。

欧米風のジョブ型が「あるべき姿」だと考えると、これら3つのタイプの中では、グローバル志向型の企業が正統派のジョブ型だと言えなくはないのですが、フレキシブル型の企業が組織長厚遇型へ、そして、組織長厚遇型の企業がグローバル志向型へと移行していくことを目指しているのかというと、そうではなさそうです。「仕事に応じて給与を決めたい」という点は各タイプとも共通しているものの、それぞれのタイプが思い描く人材マネジメントの「あるべき姿」は異なっています。ジョブ型人事制度や職務給体系が「グローバル志向型」に向けて進化していくというわけではなく、それぞれのタイプは併存・並列的です。

グローバル志向型は将来に向けてさらに欧米的なジョブ型に近づいていき、フレキシブル型は職能的な人材マネジメントの利点を今後も維持し続けようとする方向性です。両者は管理職層における異動配置の柔軟性が大きく異なります。一般職層の異動や育成の考え方にも違いが目立ち、グローバル志向型の企業とフレキシブル型の企業が目指す方向性が1つに収斂《しゅうれん》することはなさそうです。組織長厚遇型は、管理職層の処遇の歪みを是正することに優先順位を置いていて、専門職などの課題については一旦先送りにしている感があります。

管理職を目指すほうが得か？

ここまで見てきたように、人事制度がジョブ型になると、これまでのようにライン管理職を務めるマネジメント職もそれ以外の人も管理職層ということで同じような給与をもらうかたちではなくなります。少なくとも、ライン管理職に就いている間の処遇は管理職優位ですから、その面では管理職になるほうが得だと言えます。あとは、「ライン管理職に就いている期間」をどう考えるかです。

ジョブ型になると、給与だけでなく、管理職登用のあり方が変わります。職務給で人件費の合理性を高めることだけでなく、それ以上に「適所適材」の配置を徹底することがジョブ型の本質です。適所適材とは、それぞれのポジションの要件を満たす人材を登用し、配置することです。タレントマネジメントシステムを使って社員の適性やスキル、キャリアプランなどを登録した人材データベースを整備し、ポジション要件を満たす人材を探し出す企業は珍しくありません。管理職ポジションを社内公募する企業もあります。それらによって、若手人材が登用されるケースが増加しています。

前著『人事ガチャの秘密』でも紹介しましたが、「ジョブ型を導入して抜擢《ばってき》が出てきた。**抜擢は、職能等級時代は最速の昇格年次が決まっていたが、それを超えるスピードで課長、部長になること。課長で37〜38歳、部長で42〜43歳くらい。そのほか、役職2ランクアップの飛び級が抜擢**」(情報通信業人事部)という具合です。さらに、ジョブ型がすっかり定着している企業からは、「**平均より5歳くらい若く昇進する人もいるが、すべて個別判断で実力を踏まえて上げているので、とくに抜擢という考え方があるわけではない**」(機械メーカー人事部)というコメントもあります。後者を補足すると、ジョブ型にはそもそも管理職登用にあたって年次や年齢などは関係なく、かなり若手の人材が登用されたとしてもポジション要件に照らして最適だったからというだけで、何ら特別ことではないのです。

ジョブ型ではライン管理職登用年齢が早まる傾向がありますが、一旦登用されるとずっと高給のままでいられるのかというと、そうとは言えません。たとえば、35歳で課長になったとして、その人はいつまでライン管理職を務めるでしょうか？「平均的な人事評価をとっていれば、定年か役職定年になるまでじゃないか」と思われるかもしれませんが、それは、課長、部長、役員と昇進していく人だけの話です。事業が成長し、組織規模が拡大し続けない限り、管理職ポストはそれほど増えないので、順調に昇進する人はほんの一握りに過ぎず同期入社者から１人も役員が出ない企業は珍しくありません。多くの人は、「部長に昇進しない課長」です。60〜65歳の定年までだと25〜30年、役職定年が55歳だとしても20年。それだけの長期にわたって、同じ人が同じ組織の課長をしている状況を想像してみてください。人事評価が標準的だとしても、それが健全な組織の姿だとは言えません。たまたまポストが空いて35歳で課長になった人はそれでよいとしても、次の課長候補は20歳以上も後の世代からというわけにはいきません。それでは、有為の人材はことごとく社外流出してしまいます。「空きポストに人事ローテーションで順繰りに登用していけばよいのでは」という案もあるでしょうが、それはジョブ型の考え方と相反します。

また、役職定年年齢は55〜57歳に設定されている場合が多いのですが、これはその年齢になったらポストを外れるということであって、その年齢までポストが保証されているわけではありません。そもそも年齢だけを理由に職を解くこともジョブ型の考え方に合わないので、役職定年制度は基本的に廃止方向にあります。役職定年がなくなると、人によってはこれまでの役職定年を超えてライン管理職にとどまる人も出てくるでしょうが、年齢によらず、早くポストを解かれる人が増えるという見方もできます。

「部長にならない課長」が同じ組織の課長を務めて、マンネリ化もせず組織の活力を維持できるのは、せいぜい10年くらいでしょうか。それでも長すぎるかもしれません。10年の間には、その組織の長として、よりふさわしくフレッシュな候補者が現れても不思議はありません。むしろ、そうでなくては健全な組織とは言えないはずです。

「部長にならない課長」がライン管理職でいられる期間はおそらく10年ほど。「部長にならない課長」は「ふつうの会社員」と言い換えることもできます。35歳で課長になっても45歳でポストを解かれ、その後の20年以上は、一人のプレーヤーとして過ごす可能性が高くなりそうです。マネジメント職に就いている間は厚遇を享受できたとして、その後プレーヤーに戻った時に、相応の処遇を得られるプロフェッショナル職として通用するかどうかが、きわめて重要なポイントです。さらに、今の会社にどれくらい長く勤めるつもりなのか、どちらが転職しやすいかという視点も欠かせません。

次章では、プロフェッショナル職がどうなっているかを見てみましょう。

第4章

管理職層の専門職（プロフェッショナル職）の実態

「ダブルラダー型」制度

ライン管理職になる人であっても、会社員人生を通算すると、たいていはプレーヤーとして過ごす期間のほうが長くなります。なかには、そもそもライン管理職になりたくないという人もいるでしょう。それでも、給料は高いほうがいいですよね。本章では、ジョブ型人事制度において管理職層の専門職の扱いがどうなっているのかを見てみましょう。

管理職層の専門職の位置づけは、人事制度としては「ダブルラダー型」「管理職層＝マネジメント職型」「プロフェッショナル職外出し型」の3パターンに大別できます【図表12】。順番に詳しく説明していきます。

まずは、ダブルラダー型です。ラダーとは梯子《はしご》のことで、マネジメント職かプロフェッショナル職か、社員がキャリアパスを選択できる仕組みをダブルラダーと言います。管理職層にマネジメント職とプロフェッショナル職を並立させるパターンで、能力主義の人事制度の場合と同じく、ジョブ型でもダブルラダーは一般的です。とくに、技術系の社員を多く抱える企業はほとんどがこのパターンを採用しています。前章で見た通り、基本的にジョブ型の人事制度を導入する狙いはマネジメント職を厚遇するためですが、ダブルラダーであれば、制度上は、プロフェッショナル職もマネジメント職も同等の処遇を受けることができます。

しかし、「うちの会社の制度はダブルラダーだから、マネジメント職にならなくても管理職処遇を受けられるんだ」と安心するのは、早計かもしれません。あえて「制度上は……」と断りを入れたのは、マネジメント職と同等の処遇を受けられるプロフェッショナル職が実際にどれくらいいるのかがポイントになるからです。ジョブ型の場合は、職能型の場合よりもプロフェッショナル職への登用が厳しくなりそうです。

ヒアリング調査の結果、高度専門職として管理職層のプロフェッショナル職に登用される

図表12　プロフェッショナル職の位置づけ

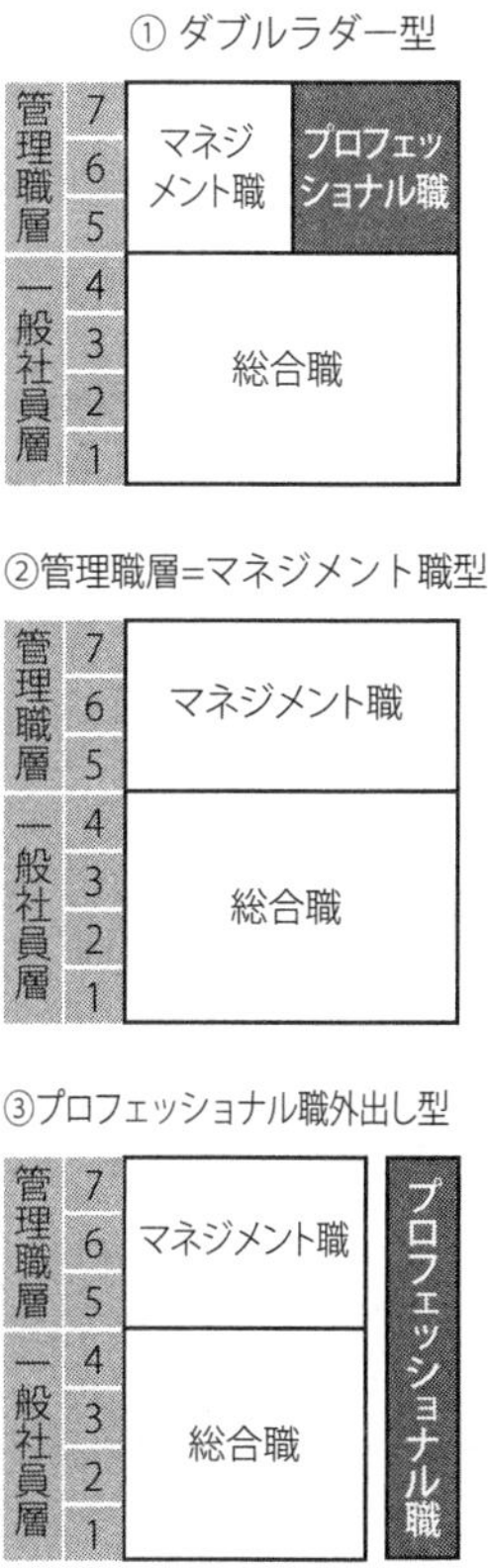

出所：パーソル総合研究所『職務給に関するヒアリング調査』から筆者作成

には、各社にほぼ共通する相場観があることが分かりました。部長相当であれば「業界の第一人者」クラスの人、課長相当であれば「単独で課組織並みの職責や貢献度を持つ人」というレベル感です。

調査では、プロフェッショナル職登用の厳格さに関する企業のコメントが目立ちました。**「制度上、部長相当のプロフェッショナル職のグレードも設定されているが、実在者はほとんどいない。その業界の専門家であり超有名人で、自分一人で業界を動かすレベルの人であれば部長相当のグレードでもよい」**（電機メーカー）

部長相当のプロフェッショナル職は業界の第一人者クラスということですから、技術者を多数抱える大規模メーカーであっても実在者は少数に限られるようです。ジョブ型なので、正確には、業界の第一人者の「ヒト」ではなく、その業界において先進性や独自性、注目度が高く、「業界の方向性に影響を与える職務」ということです。影響範囲が「自社」にとどまらず、「業界」の方向性ですから、かなりの難度です。部長相当のプロフェッショナル職は、その職務を任される人で、「わが社の顔」であり「業界の顔」の一人だということです。

「候補者の直近数年の実績を列挙してもらい、全役員が出席する人事委員会で決定している。役員の中から1人でも、『この人はよく知らないなあ』という声が上がれば登用されない。

全役員に認知されていないレベルでは高度専門職とは言えないというのが、１つの判断ベースになっている」（食品メーカー）

部長相当と同様に、課長相当のプロフェッショナル職においても、高い専門能力が求められています。

「インターネットで専門分野を検索すると名前が出てくる人のイメージ。専門性がかなり高くても部長級とはいかず、課長級の上位まで」（情報通信企業）

補足すると、ジョブ型なので、「専門性が高い人」というだけでは課長相当のプロフェッショナル職にはなれません。ここが能力主義の人事制度とは大きく異なるところです。

「専門性としては、社内だけでなく社会に対して通用力があるレベル。その人がいなければ外部採用が必要なぐらいの高度な専門性が必要だというメッセージを社内に出している。課長相当の給料を払うとすると、１人で課長に等しいレベルの成果を出せなければ、そのグレードにはつけられない」（飲料メーカー）

「6人の部下を持つ標準的な課長のチームが出す貢献と同じぐらいの貢献を１人で出せるのであれば課長級で処遇するという考え方になっている」（上記とは別の情報通信企業）

社内では代替できないような専門性があるというだけでは足りず、１人で課組織並みの貢献を要求される職務を担って、ようやくプロフェッショナル職として認められるわけです。

部長相当はもちろんのこと、課長相当であっても、ハードルはかなり高いと言えます。プロフェッショナル職の運用を緩めてしまうと管理職層が肥大化してしまった職能資格制度の二の舞になる恐れがあるので、企業は厳格に運用したいと考えているわけです。

さて、「1人で課組織並みの貢献なんて無茶な……ふつうの会社員はプロフェッショナル職にはなれないのでは」と思った人も多いのではないでしょうか。職種にもよりますが、たいていの仕事では6人分の貢献を求められても、現実には不可能かもしれません。ライン課長は職責として課組織全体の業績責任を持つものの、課長単独ではなく、部下の力を使って成果を挙げるわけです。その意味ではプロフェッショナル職への要求は少々過大かもしれません。しかし、管理職相当の専門職は、それだけ狭き門だということなのです。

職種としての希少性がカギ

ジョブ型の人事制度で、なぜプロフェッショナル職を設定するのかというと、1つはキャリアパスに選択肢を設けるとともに、「職責」に応じた処遇を行うためです。そしてもう1つ、大きな目的があります。人材確保を円滑に行うためです。自社の標準的な総合職の給与

図表13　プロフェッショナル職の相場観と運用

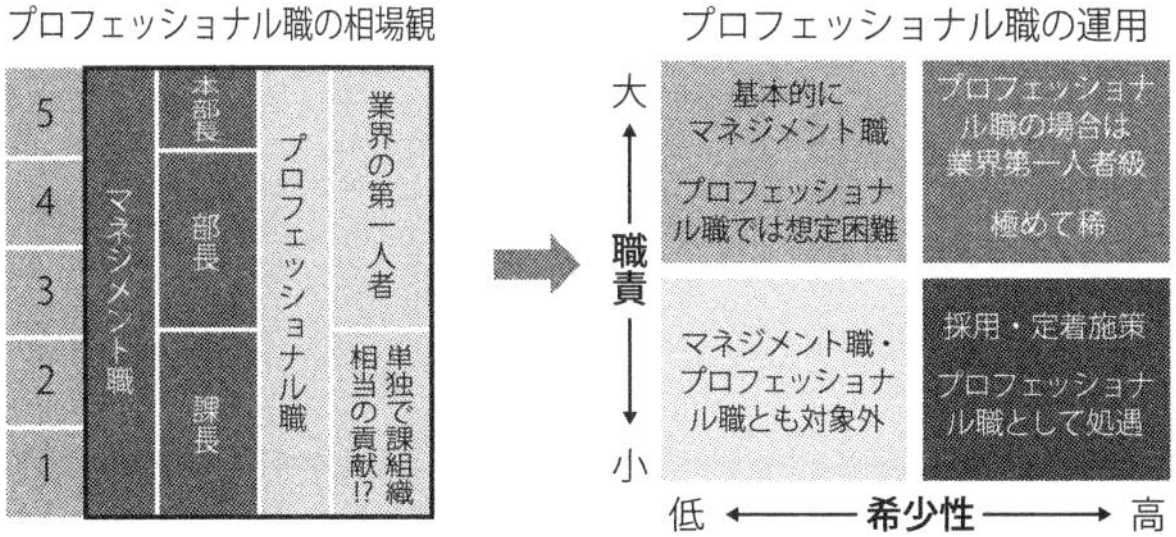

出所：パーソル総合研究所『職務給に関するヒアリング調査』一部修正

水準では採用が難しい、需給がタイトな職種の人材を採用できるようにするためなのです。多くの企業が必要として、採用需給がタイトな「希少性」ある職種は、市場原理によって、その他の職種よりも給与相場が高くなります。企業は、それに対応する必要があるわけです。

とくに、課長相当のプロフェッショナル職の運用には、「希少性」が大きく作用しています。「職責」と「希少性」は直接連動するものではありません。プロフェッショナル職の運用の特徴を見てみましょう【図表13】。

職責としては、プロフェッショナル職の相場観は、部長相当が「業界の第一人者」、課長相当が「単独で課組織相当の貢献!?」です。ただ、プロフェッショナル職が実際にマネジメント職並みの職責を担うことは困難です。どんな高度専門職であっても、課組織に所属する人が直属上司のライン課長の職責を上回ることはありません。もともと、担当組織全体の成果に対して責任をもつことがマネジメント職の存在意義なのです。一方で、ライン課長は他の人で代替できるかもしれませんが、高度専門職はそうはいかない場合があります。「この人でなければ、この業績は挙げられない」ということであれば、マネジメント職以上の処遇を得る価値があります。プロスポーツの世界で、最も年俸が高いのは監督ではなくプレーヤーであることと同じです。

また、代替できない特別な高度専門職ではなく、「ふつうの専門職」で一般社員層の職責であっても、市場相場から見て自社の課長並みの給与を提示しなければ採用できない職種の人材なら、その金額を支払うしかありません。同時に、自社の既存の社員との給与バランスも無視できません。採用需給がタイトな特定の職種に合わせて全社員の給与水準を底上げすることは考えにくいので、職種別が切り口になります。たとえば、デジタル系の特定職種だけ給与水準を上げるというようなやり方です。すなわちジョブ型です。他の職種の人たちが不満に思う面もないとは言えませんが、専門性の違いによって、他の職種の人にはその仕事ができないのであれば文句を言っても詮無いことです。その意味では、プロフェッショナル職の設置はある面、採用・定着施策だということができます。

実態として、プロフェッショナル職の多くは技術系職種です。企業コメントを紹介します。

「プロフェッショナル職は結構なボリュームがあるが、基本的に技術系ばかり。事務系は財務、法務、人事のように専門性が高い部署に全部で10人程度。営業系は極めて少ない。営業課に所属して営業を担当している場合は、マネージャーでなければ一般社員層。ジョブの価値やリテンションの必要性を考えるとそうなる。エンジニア系は他社に引き抜かれるので、それに対するリテンションのパターンが多い」（情報通信企業）

「営業系にも非常に高度で特殊な営業スキルがある人がいる。重点顧客担当はミッションも重い。ただ、プロフェッショナル職になる人は、営業部門に所属していても営業担当という感じではなく、技術バックグラウンドがあって、重点顧客との中長期的な関係強化をミッションにしているアカウントマネージャーのような人」（化学メーカー）

「高度専門職制度を新設予定だが、対象はITのみ。高業績のマーチャンダイザーなども対象にすべきではないかという議論はあるが、パフォーマンスに応じて賞与で処遇する方向性だ。法務や財務は対象にするかもしれない」（小売・流通業）

プロフェッショナル職には技術系が多いので、企業の業種によって管理職層におけるプロフェッショナル職の比率が異なります。技術系研究職やエンジニアを多く抱える企業では管理職層の4分の1～3分の1をプロフェッショナル職が占めることが珍しくありません。一方で、技術系社員が少ない業種の企業では数%程度だったり、そもそも「管理職層＝マネジメント職型」の制度でプロフェッショナル職の設定がなかったりします。

ヒアリング調査の中では、営業系はプロフェッショナル職の対象になりにくいとのコメントが目立ちました。営業職は社内外ともに人数が多いので、たいていの場合、希少性はさほど高くありません。営業職のプレーヤーは職責と希少性のいずれの観点でもプロフェッショナル職に当てはまりにくい形です。飛びぬけた高業績を挙げる人もいるでしょうが、業績には浮き沈みがつきものなので、高業績に対しては基本給としての職務給ではなく賞与で処遇しようという成果主義の考え方を取る企業が多いのです。ちなみに、基本的に、職務給はどんな仕事を担当しているかで給与が決まり、成果主義は仕事の結果に応じて給与が決まります。営業の腕に自信がある人であれば、職務主義よりも成果主義のほうが稼げると言えそうです。

「管理職層＝マネジメント職型」制度

たとえば小売・流通業など、技術系の社員が少ない企業の中には、管理職層はマネジメント職だけで編成して、プロフェッショナル職を設置しない企業があります。「管理職層＝マネジメント職型」です【図表12】。この制度の場合は、高度専門職であっても一般社員層に位置づけられることになります。

　このタイプの企業は、管理職層の専門職は必要ないと考えているのでしょうか？　企業のコメントを紹介します。

「高度な専門性が必要な職種もあるが、そういう仕事で専門能力が高い人はたいていライン管理職になっているので、今のところ管理職クラスの専門職を作る必要性をあまり感じていない」（小売・流通業）

「専門職と言っても、1人で結果を出せるような仕事はほとんどなく、リーダークラス以上はマネジメント能力がないと務まらない」（食品メーカー）

　やはり、マネジメント能力重視のスタンスです。ダブルラダー型で散見される特定職種の採用・定着施策というニーズの優先順位が低いのかもしれません。しかし、ライン管理職でなければマネジメント職になれないのかというと、必ずしもそうではなく、「管理職層＝マネジメント職型」でも、マネジメント職の一番下の等級を「部下なし管理職」用にしている例が多く見られます。ライン管理職でなくてもマネジメント職扱いをして、管理職層に含めているパターンです。

「部下なし管理職」とは、文字通り、部下がいない管理職ということなのですが、なかなか分かりにくい存在です。「管理職層＝マネジメント職型」だけでなく、「ダブルラダー型」などでも「部下なし管理職」は珍しくありません。「部下なし管理職」には、たいていの場合、①実質的マネジメント職、②ポスト待機者、③実質的プロフェッショナル職の3通りの人たちが混在します。

①実質的マネジメント職

公式組織傘下のチームなどのリーダーです。意思決定の迅速化などを目的に組織階層をフラット化する企業、大括り化を掲げる企業で散見されます。

「権限との関係からあまり組織階層を深くしたくない。組織をできるだけ大括りにしようという動きがあって、そうでないと1組織単位として認めないぐらいの方向になっている。そもそも1つの組織単位が大きいので、その中にチームがいくつかあるという場合が多く、チームリーダー的なポジションの人がいる。中には、一般的な課長層と同じぐらいのマネジメントサイズを持っている人もいる」（化学メーカー）

彼ら彼女らは、組織図に記載されていないというだけで、恒常的に設置されているチームのリーダーであり、部下に相当するメンバーも配置されている実質的なマネジメント職です。ただ、一方では、実質的な恒常組織であり、マネジメント職やメンバーが配置されているのなら、「組織階層フラット化は建て前に過ぎないので、組織図に載せればいいじゃないか」という議論がありそうです。

②ポスト待機者

人事部が主管する全社横串の管理職昇格試験を行う企業では、合格者をどう扱うのかという課題があります。ジョブ型であれば、昇格試験合格者であっても管理職ポストが空くまでは一般社員層のままにしておけばよいわけですが、社員からは「合格しても何のメリットもないのか？」「昇格試験を受けるのは無駄だ」という声が上がるに違いありません。

そもそもジョブ型の場合は、各ライン部門に管理職登用権限がある企業が多くなります。各ポジションの具体的な職務内容や人材要件を最も詳しく知っているのは、各部門だからです。全社的な検討を要する上級管理職層は別として、ファーストラインの課長クラスの適所適材の登用をタイムリーに行おうとすると、各部門主導の傾向が強くなります。そうした中、管理職昇格試験を行う企業は、経営的視点の有無をしっかり見定めて管理職層と一般社員層

（労働組合員層）との線引きを行いたい企業であり、管理職層への昇格については職能資格的運用になります。すなわち、合格者は管理職ポストが空いていなくても、管理職層に昇格して「ポスト待機者」になるわけです。そのような企業では、いったん管理職層に昇格すると、ライン管理職にならなくても一般社員層に戻ることはほとんどありません。また、ポジションありきの管理職登用を基本にする企業でも、ポストを離れた場合は「部下なし管理職」としてマネジメント職に留まるケースが多く見られます。

ポスト待機者は、たいてい組織長の補佐と位置づけられています。前項の実質的マネジメント職のように役割がはっきりしている場合はよいのですが、そうでなければ、単に「管理職昇格試験に合格した人」というだけで、職務としては一般社員層の最上位等級の人と変わらないということになりがちです。

企業からすると「部下なし管理職」の増加で管理職層が肥大化するのは好ましいことではありませんが、社員からすると「部下なし管理職」は処遇が上がるチャンスの1つです。ライン管理職に関心がなくても、基本的には管理職昇格試験を受けておいたほうが得だということになります。

③実質的プロフェッショナル職

管理職層にプロフェッショナル職の設定がない場合は、専門職は一般社員層でしか処遇できません。しかし、どんな企業であっても専門職の採用・定着ニーズが全くないということは考えづらく、たいていは管理職相当の処遇が必要な人がいるものです。実際には対象者が少なかったり、施策としての優先順位が低かったりするというだけです。中には「部下なし管理職」の等級を、そのような専門職の採用・定着施策の受け皿と位置づけて使っている企業もあります。

「管理職層＝マネジメント職型」の企業においては、「部下なし管理職」はライン管理職よりも下位の位置づけなので、さらなる高処遇を目指すという意味ではマネジメント職しかキャリアパスの選択肢がなく、かなり割り切った「組織長厚遇型」だと言えます。もし、あなたが専門職志向なら、給与の話に限らず、「ダブルラダー型」や「プロフェッショナル職外出し型」のほうが専門職の働き方に対する施策や配慮を期待できます。

もし、自社が「管理職層＝マネジメント職型」で、管理職層の入り口等級が「部下なし管理職」用になっているなら、自分の会社の「部下なし管理職」は実質的マネジメント職やポスト待機者なのか、それとも、実質的プロフェッショナル職なのかを見定めておきましょう。なぜなら、「部下なし管理職」は、現実的には、「ふつうの会社員」にとって手が届きやすい管理職層の入り口であることに変わりはないからです。

「プロフェッショナル職外出し型」制度

ダブルラダー型は、管理職層への昇格の際にマネジメント職としてのキャリアかプロフェッショナル職かを選択します。もしくは、ライン管理職登用でなければ、プロフェッショナル職として扱われるかたちです。とはいえ、マネジメント職でもプロフェッショナル職でも、雇用区分が変わるわけではありません。プロフェッショナル職は専門職だと言っても、もしかすると職種をまたぐ人事異動があるかもしれません。その意味で、どちらにしても総合職の延長線上です。しかし、それらとは一線を画した本格的なジョブ型の仕組みを取り入れている企業もあります。いわば「プロフェッショナル職外出し型」の企業です【図表12】。

情報通信企業A社の事例を紹介します。

A社のプロフェッショナル職は、管理職層だけがダブルラダーになっているのではなく、一般社員層も含めて、総合職系の正社員とプロフェッショナル職が並立している形です。プロフェッショナル職は、無期雇用の正社員ではあるものの、総合職とは雇用区分が異なり、ジョブ型の社員として再雇用されるような形です。プロフェッショナル職のポジション情報がイントラネットで開示され、社内公募で採用されると、総合職やマネジメント職からプロフェッショナル職に転換します。すると、退職金制度は適用外になり、福利厚生も縮減されるなど、総合職系から処遇が変わります。

公募ポジションへの合否判断は募集元の自由裁量です。採用が決まったら、ずっとそのポジションの仕事だけを担当する想定で、異動はありません。そのポジションの仕事がなくなった場合、総合職系に戻る制度があるものの、実際の運用としては、別のポジションに応募してもらうか、退職に至るパターンが多いとのことです。

給与は超ワイドレンジの中で、そのポジションの仕事内容に応じて個別に決まります。給与査定は人事部が行います。もちろん、ポジションが変われば給与は再査定です。

もともとA社の給与水準は極めて優良ながら、スーパーエンジニアがＧＡＦＡなどに莫大な報酬で引き抜かれることへの対策として、プロフェッショナル職の給与上限は社長並みの設定です。それでも、ライバル社からさらに高額の提示を受けるケースも散見され、スーパーエンジニアの処遇水準には懸念が残っているとのことです。

プロフェッショナル職のポジションは、「AIやデジタルトランスフォーメーション（DX）のような先端分野だけでなく、逆にレガシーな分野で、昔のことを知っている人でなければ分からず、そこで若手を育成するのもまたちょっと違うといった仕事もある。それらのポジションには結構、シニアの応募がある」（A社人事部）

また、A社のような「プロフェッショナル職外出し型」の事例は、多くありません。社外の人材マーケットと、社内のピンポイントのポジションの両方を意識した、割り切ったジョブ型の制度だと言えそうです。

これまで、総合職の処遇体系と切り離した専門職制度としては、「フェロー制度」がありますが、これは主に、社外の著名な研究者を招聘《しょうへい》したり、役員待遇がふさわしい社内の専門家を処遇したりするなど、極めて限られた少数の特別な人のためのものでした。一方、A社ではプロフェッショナル職が４００名規模と、より広範なポジションを対象としており、フェロー制度とは目的が異なります。

また、「レガシーな分野で……」とのコメントも注目です。現在担当している仕事で社内公募があり、そこに応募してプロフェッショナル職になった場合、給与は上がっても、退職金や福利厚生まで考慮すると、処遇は総合職の時とほぼ同じか、場合によっては下がることもあるそうです。処遇が上がらないにもかかわらず、プロフェッショナル職を選ぶメリットは何でしょうか？

それは、「自分が選択した仕事を続けることができる」ということです。ジョブ型と言えば職務給ということで、給与が注目されがちですが、日本企業におけるジョブ型を社員の視点で見ると、「仕事を選ぶことができる」というところが本質だと言えるかもしれません。

「特定職種型」の専門職と「天才型」の専門職

管理職層の専門職の人事制度上の位置づけについて、「ダブルラダー型」「管理職層＝マネジメント職型」「プロフェッショナル職外出し型」と、３つのパターンを見てきたわけですが、いずれも管理職層の専門職は狭き門です。しかも、職種としては大半が技術系ですから、事務系の人は「自分はどうすればいいんだ？」と不安に思ったかもしれません。

管理職層としての処遇には「職責」と「希少性」の2つの観点があり【図表13】、プロフェッショナル職は、多くの場合、どの企業でも不足感が大きいデジタル系エンジニアなど、希少性が高い技術系職種を念頭に置いた採用・リテンション施策です。事務系では、財務、法務、ＩＲなどをはじめとして、企業横断的に専門能力を活用しやすいコーポレート系の職種を挙げる企業が目立ちます。この「企業横断的に」というところがポイントで、例に挙げた財務、法務、ＩＲは、専門性の拠りどころが各社に固有の知識や経験ではないため、広範な社外からの需要に対して供給が少なければ高い給与相場が形成され、事務系であっても採用・リテンション対策が必要な「希少性」が高い職種になり得るわけです。基本的には、社外からも専門家として認知され、転職市場でそれなりに高値が付く職種でなければ、希少性軸でプロフェッショナル職になるのは難しいかもしれません。これらは「特定職種型」の専門職です。

「自分はそういう職種じゃないし……」という人も多いことでしょう。実は、制度としてプロフェッショナル職の職種を限定している企業は稀で、結果として、大半が技術系職種であり、事務系は財務などになっているというだけです。しかし、どの職種であっても専門能力が高ければプロフェッショナル職になれるのかというと、そうでもありません。特定の職種でなければダメだというわけではないのですが、専門能力が高いから管理職層だというのは能力主義の人事制度であって、ジョブ型の考え方では管理職層として処遇されるにふさわしい「職責」が必要です。**「法曹資格や会計士、弁理士などの資格を持っていても、そのこと**

自体が職務評価に反映されるわけではなく、その専門能力を使って、どんな仕事をしているか」（化学メーカー）であり、法務知識の有無とは無関係な仕事を担当しているのであれば、法曹資格の有無は考慮の外になります。

「職責」の観点では、課長クラスのプロフェッショナル職の相場は、「単独で課組織相当の貢献」です。実際に１人のプレーヤーにそのような貢献ができるかというと、かなりクリエイティブな仕事をある種の「天才型」の専門職が担当する場合などに限られ、「ふつうの会社員」には難しそうです。

それでは、「特定職種型」でも「天才型」でもない「ふつうの会社員」がプロフェッショナル職になる道を探っていきましょう。

「プロデューサー型」を目指そう！

ここで改めて、２つの観点からプロフェッショナル職とは何かを捉えなおしましょう。

１つは、ライン管理職とプロフェッショナル職との違いです。分かり切った話のように思われるかもしれませんが、実際にはそう単純ではありません。

もう１つは、プロフェッショナル職とは１人で仕事をする人なのかという点です。管理職待遇の高度専門職というと、ややもすると孤高の天才とか頑固な職人のような人物像を思い浮かべるのではないでしょうか？　しかし実際には、プロフェッショナル職で一人仕事の人は少数派です。

では、順番に見ていきましょう。「ふつうの会社員」がプロフェッショナル職になるヒントが見つかります。

プロフェッショナル職は、管理職層にあってライン管理職ではない人という言い方もできるので、ライン管理職の定義からはっきりさせていきます。もっとも典型的なライン管理職は、公式組織の長であり、部下が配置されている人です。それでは、部下が正社員ではなく、全員が有期雇用の契約社員やパートタイマーならどうでしょうか？　有期雇用であっても、自社で雇用している従業員であることに変わりはないので、ライン管理職です。全員が派遣社員の場合はどうでしょう？　派遣社員は自社で雇用していませんが、業務の指揮命令権は派遣先にあるので、部下に変わりはありません。やはり、ライン管理職です。

それでは、公式組織の箱があっても、1人も部下がおらず、社外への業務委託によって仕事を進めている場合はどうでしょうか？　たとえば、これまで社員の部下が行っていた仕事を業務委託やテクノロジー活用などによって部下なしで、これまでと同等以上の成果を同等以下のコストで行うようになったらどうでしょうか？　論点は、ピープルマネジメントの有無をライン管理職であることの必須要件と考えるかどうかです。公式組織の長なのでライン管理職だとする企業もあれば、部下がいないので「部下なし管理職」だと考える企業もあって、判断が分かれるところです。本人の立場からすると、これまでライン管理職だった人が「部下なし管理職」になって処遇が下がることには、納得できそうにありません。今後、社外との連携やテクノロジー活用は加速度的に盛んになってくるはずです。筆者は、組織の箱があれば部下がいなくてもライン管理職とみなすほうが妥当だろうと考えています。

さらに、上記のケースで、組織の箱がない場合はどうでしょうか？　箱がなくても、一定の職務権限があれば、社外との連携などによって標準的な課組織レベルの職責を担うこともできそうです。社外に限らず、社内他部門と連携するケースもあるでしょう。連携先が社内外のどちらであろうが、職責から見て、管理職層としての処遇がふさわしいと言えます。組織の箱がないのでライン管理職ではないにしても、職務権限をともなう役職的なポジションに登用されるかたちの「部下なし管理職」、あるいは、プロフェッショナル職です。プロフェッショナル職の場合は、「ポジション型」と分類できます。

この「ポジション型」のプロフェッショナル職は、一見、1人のプレーヤーのようでありながら、動き方としては業務委託などを使うライン管理職とさほど変わりません。

そもそも、「わが社には職務権限があるプロフェッショナル職ポジションなんてないよ」という企業のほうが多いかもしれません。しかし、みなさんの会社の中には、そういったポジションに就いていたり、公式の権限があったりするわけではないのに、実質的に、それに近い動きで社内各部署を巻き込んで、大きな仕事をしている人はいませんか？「特定職種型」でも「天才型」でもないプロフェッショナル職の多くは、たいていこのタイプです。専門分野のハブになって、周囲の協力を引き出すことによって大きな職責を果たす「プロデューサー型」の人です。自分一人の力はたかが知れていても、課組織並みの職責を担うことができるわけです。

「プロデューサー型」は、ライン管理職やポジション型のような職務権限に頼らないところがポイントです。職務権限は、ポジションに紐づくものなので、ポジションから離れると失われてしまいます。ポジションに左右されないところこそ、「プロデューサー型」プロフェッショナル職が専門職たる所以《ゆえん》です。「ふつうの会社員」がプロフェッショナル職を目指す場合、自分の専門分野について相応の専門能力が必要であることは当然として、有用な人材の協力を得て仕事を進めるプロデュース能力がそれと同じくらい重要だと言えそうです。

プロフェッショナル職には4つのタイプがあります。「特定職種型」「天才型」「ポジション型」「プロデューサー型」です。

「特定職種型」は、デジタル系の技術系職種や、事務系では法務やIRなど。いずれも採用市場で引き合いが強く、職種別の給与相場が形成されつつある職種です。その職種の人であれば、採用・リテンション対策上、プロフェッショナル職に任用されやすい状況です。

「天才型」は、個人として極めて高度な専門能力をもって、クリエイティブな仕事をして結果を出す人です。そのレベル次第で、職種に関わらずプロフェッショナル職に任用される可能性があります。一般的にイメージされやすい専門職像だと言えますが、実際には、このような希少性と職責を兼ね備えた専門職は、まさに希少だと思われます。

「ポジション型」は、職務権限を持った専門職の役職が設定されているものです。組織の箱がなく、部下がいないとしても、ポジションパワーを用いて仕事を行うという意味では、ライン管理職的だと言えます。ポジションから外れても「プロデューサー型」として通用するように、ポジションパワーに頼りすぎないようにしておきたいものです。

「プロデューサー型」は、柱となる専門分野を持ち、社内外から必要なサポートを引き出しながら何人力かの仕事を行う人です。専門分野において突出した能力を持っている人というよりも、その分野のプロフェッショナルを繋ぐハブとして機能できる人です。もし、あなたが、プロフェッショナル職は1人で働くものというイメージを持っているなら、そのイメージは修正しておいたほうがいいでしょう。たいていの仕事はチームワークです。ライン管理職になりたくないという人であっても、プロフェッショナル職として仕事のリーダーとして専門分野のハブになるプロデュース能力を身に付けることがカギになります。もしピープルマネジメントを厭《いと》わないということであれば、ライン管理職としても通用するはずで、「ふつうの会社員」はプロデューサー型を目指すことがお勧めです。

第5章

総合職（一般社員層）の給与はジョブ型で変わるのか？

「仕事」が変われば職務給は変わるのか？

管理職層にジョブ型の人事制度や職務給が導入されていても、総合職の一般社員層（労働組合員層）は従来型の職能資格制度のままという企業も珍しくありません。とはいえ、第2章で確認したように、労務行政研究所の調査では、およそ半数の企業が一般社員層にも職務給または役割給を導入しています。つまり、何らかの仕事基準の等級制度が導入されているということで、一般社員層にもジョブ型が普及してきているように見えます。確かに形式上は、「仕事」が変われば等級が変わり、等級が変われば給与が変わるのですが、ここでいう「仕事」とは何を指しているのかに着目する必要があります。

たいていの人は、仕事というと人事、経理、営業などのような職種や、職種が同じであれば営業1課、営業2課のような所属部門を思い浮かべるのではないでしょうか。そして、職務給が導入されると、担当職務が変われば給与が変わるはずだと思っていませんか？

しかし実態としては、職務給が導入されていても、たとえば人事部から経理部に異動しただけで給与が変わるというのはレアケースです。一般社員層の職務給は多くの人がイメージ

図表14　職務の捉え方

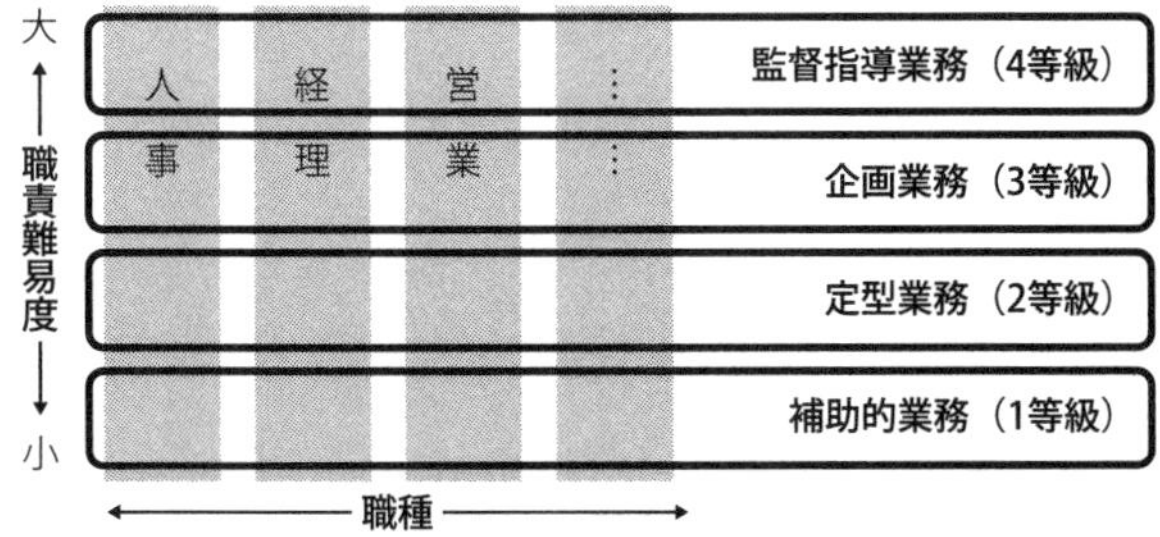

出所：パーソル総合研究所『職務給に関するヒアリング調査』一部修正

するものとはかなり様相が異なっています。総合職採用の一般社員層の職務給でいう「仕事」とは、職種のことでもなければ、所属部門のことでもないのです。

ここで、「総合職採用の」と断りを入れたのは、コース別採用や職種別採用の場合は、職種区分が給与の前提になっているからです。たとえば、ソフトウェアエンジニア職としての職種別採用であれば、基本的にそれ以外の職種への異動はないでしょうが、もし職種転換があった場合には、給与の見直しがあるかもしれません。一方、総合職採用の一般社員層における職務給の場合は、職種や所属部門の切り口はほとんど考慮されていません。

それでは、一般職層の職務給のかたちを見てみましょう【図表14】。

「仕事」の捉え方にはタテ軸とヨコ軸があります。仕事といった時に、多くの人がイメージするのは職種や所属部門などのヨコ軸です。これに対し、職務給の単位になっているものは、仕事の難易度や責任の重さ、つまり、タテ軸です。職種が営業なのか経理なのかというヨコ軸ではなく、職種に関わらず、「監督指導業務」なのか「補助的業務」なのかというタテ軸です。そのため、経理部から営業部に異動になり、職種と所属部門が変わっただけでは、職務給は変わらないのです。職務給やジョブ型の制度は、仕事の「種類」によって給与が変わるのではなく、仕事の「難易度や責任の重さ」によって給与が変わる仕組みです。つまり、職種や所属部門が変わっても、仕事の難易度や責任の重さが同程度で職務等級が変わらなければ、職務給も変わらないということです。

なお、【図表14】では、4等級は監督指導業務、1等級は補助的業務というような説明を付けていますが、ポイントファクター法で職務評価を行う企業では、1等級は職務評価点50ポイント未満、2等級は50ポイント以上100ポイント未満というように、各等級の定義が職務評価点だけで表されていたりします。ポイントファクター法は、それぞれの仕事の責任範囲や必要とされるスキル・ノウハウなどの各要素に点数付けをするもので、職務評価の手法として代表的なものです。

一般的には、経理の補助的業務も監督指導業務も、仕事としては「経理は経理」です。そして、経理の補助的業務と営業の補助的業務とは別の仕事という感覚だろうと思います。「職務給やジョブ型といっても、仕事の違いが反映されているような気がしない。これまでの職能給と同じじゃないか」という声が聞こえてきそうです。

一見、同じように見えますが、各等級への格付の考え方はかなり異なります。

2等級が「定型業務」で3等級が「企画業務」だとすると、職能資格制度の場合は、定型業務ができるようになると2等級を「卒業」して、企画業務の3等級に上がります。これを卒業方式と言います。小学校の卒業をもって、自動的に中学校に上がるのと同じパターンです。3等級の人は定型業務の等級を卒業しただけですから、必ずしも企画業務ができるとはいえず、実際に企画業務を担当しているとも限りません。卒業方式では、「企画業務ができる」というのは、3等級の能力開発目標だという位置づけであり、3等級の人は企画業務にチャレンジせよという発想です。その意味で、職能資格制度は能力開発主義の制度だという考え方です。

それに対して、職務給、ジョブ型の制度の場合、企画業務の担当には、企画業務ができる人を配置することが前提になります。そして、3等級になるためには、「できる」というだけでは不十分で、実際に企画業務を担当していなければなりません。適所適材の配置をして仕事に応じた処遇を行うというのが、ジョブ型であり、職務給であることの意味です。仕事が確実に回ることを重視した仕組みだと言えます。

もう少し補足すると、職務給では、担当が企画業務から定型業務に変わると定型業務の等級に降格されることになります。たとえば営業部で企画業務を担当していた人が未経験の経理部に異動するとどうなるでしょうか。いくら営業部で企画業務をバリバリこなしていたとしても、未経験の経理部では最初は補助的業務や定型業務を担当することになりそうです。職能給であれば「職能資格に降格なし」という原則や職種転換の場合の経過措置があって、異動して担当職務レベルが下がったとしても、すぐに降格になったりはしませんが、基本的に、職務給の考え方では降格です。企業側からすると、それによって、モチベーションの低下や離職を誘発しないか、人事異動を行いづらくならないかというのが職務給を導入する上での懸案事項になっています。実際の等級格付、昇格・降格の企業事例は、後ほど第7章で詳しく説明します。

職種別の給与相場の実態

一般社員層の職務給には、ほとんど職種別の切り口がありません。主な理由は2つあって、

1つはほとんどの職種については給与を職種別にする必要がないから、もう1つは職種別にすると人事異動を行いづらくなるからです。

企業横断的に職種別の給与相場がある状態を想像してみましょう。たとえば、転職市場での給与相場が人事職30万円、経理職40万円、経営企画職50万円だったとします。あなたの会社の給与が職種に関わらず40万円だとすると、経営企画職の人は他社に転職してしまい、新たな採用も難しいでしょう。経営企画職の人材を採用したければ、あなたの会社も経営企画職には世間相場の50万円を支払うしかなさそうです。人事職の人には払い過ぎているとも言えますが、優秀な人材を確保できるかもしれません。採用やリテンションに影響があるのであれば、職種別の給与を検討する必要があり、そうでないとすると基本的にはその必要がないということなのです。

そもそも、一般社員層の給与に職種別の相場が存在するのでしょうか？

採用需給がタイトな一部のＩＴ系職種など、例外的に給与相場が形成されつつある職種も出てきていますが、ほとんどの職種については給与相場があるとはいえないというのが、その答えです。実態を見てみましょう。

【図表15】は、労務行政研究所が行った「ホワイトカラー職種別賃金調査」の結果です。上

図表15　職位・職種別にみた月例給与・年間賞与・年収の水準

【全産業・規模計】

区分		全対象者の平均 社数（社）	平均年齢（歳）	月例給与（万円）	年間賞与（万円）	年収（万円）
係長クラス	1 経営企画	59	41.1	38.2	186.3	644.6
	2 営業企画・商品企画	73	44.0	39.0	178.5	647.0
	3 営業	87	42.9	39.8	180.6	658.2
	4 財務経理	100	43.3	38.2	181.3	640.1
	5 法務・特許	42	43.2	39.8	193.3	670.4
	6 人事労務	87	42.2	37.8	174.1	628.1
	7 総務・庶務	77	45.8	38.7	180.9	645.2
	8 研究	16	42.5	36.8	172.2	614.1
	9 開発・設計	60	43.3	39.6	186.3	661.2
	10 生産管理	57	45.6	37.8	173.0	626.9
	11 生産技術	51	43.6	38.7	182.6	647.5
	12 情報システム（SE）	83	44.1	38.2	177.7	635.9
	13 購買・資材調達	57	46.4	40.2	187.1	668.9
一般社員	1 経営企画	65	28.8	26.8	120.9	442.1
	2 営業企画・商品企画	72	28.7	26.6	111.3	431.0
	3 営業	98	28.8	27.4	121.7	450.1
	4 財務経理	117	28.8	26.1	113.7	427.1
	5 法務・特許	41	29.4	27.6	131.7	462.9
	6 人事労務	121	28.5	25.9	112.3	423.4
	7 総務・庶務	96	29.2	25.5	108.5	414.3
	8 研究	22	29.3	26.8	119.0	440.7
	9 開発・設計	64	28.5	26.8	121.5	442.7
	10 生産管理	58	28.9	25.5	108.6	414.5
	11 生産技術	58	28.9	26.3	120.8	436.8
	12 情報システム（SE）	94	29.2	26.4	119.3	435.7
	13 購買・資材調達	60	29.5	26.0	120.4	432.3

出所：労務行政研究所『労政時報4070号』（2024年）掲載の図表から一部抜粋

場企業と従業員500人以上の企業のフルタイムの正社員を対象に、表中の13の職種の係長クラスと一般社員について、平均年齢、月例給与、年間賞与、年収を調べたものです。

一般社員をみると、どの職種も平均年齢は28～29歳で、月例給与25・5万～27・6万円、年間賞与108・5万～131・7万円、年収414・3万～462・9万円です。年収に50万円弱の幅がありますが、月例給与はどの職種もほとんど同じような水準です。賞与は、その時々の企業業績や個人の人事評価成績によっても幅が出てくるので、月例給与の水準が同程度であれば、基本的に職種による給与相場に目立った差はないと言えます。

なぜ差がないのかというと、職種をどうこう言う前に、どの企業に所属しているかで給与水準が決まるからです。職種別採用を行う企業が増えてきたとは言うものの、いま企業に勤めているホワイトカラーの大半は総合職として採用された人たちです。総合職の給与相場は、業種（産業）と企業規模によって異なります。たとえば小売業よりも金融・保険業、中小企業よりも大企業の給与水準が高いことは周知のとおりです。また、ほとんどの企業において、一般社員層（とくに若年層～中堅）は毎年何らか昇給するので、勤続年数に応じて給与が高くなります。そのため、全産業・規模計で集計して、どの職種も平均年齢が同じくらいであれば、職種別にみても給与水準はさほど変わらないということになります。

係長クラスをみると、平均年齢は41・1〜46・4歳で、月例給与36・8万〜40・2万円、年間賞与172・2万〜193・3万円、年収614・1万〜670・4万円です。月例給与が最も高い職種は「購買・資材調達」ですが、平均年齢も46・4歳で最も高くなっています。一方、月例給与が最も低い職種は「研究」で、平均年齢は「経営企画」「人事労務」に次いで3番目に若く、これも勤続年数の影響がありそうだと推測できます。

雑誌やウェブなどで職種別の平均年収などのデータを目にする機会もあるでしょうが、単純に金額だけを見て「この職種は高くて、この職種は安い」などと思い込まないように気を付けてください。平均年齢や勤続年数によって平均給与は上下します。また、職種別の集計と言っても、今その職種に就いているというだけで、入社以来ずっとその仕事に従事してきたとは限りません。今年、人事異動で職種が変わったばかりの人も含まれています。総合職に人事異動はつきものです。大半の職種において、現状では一般社員層に明確な職種別給与相場は存在しないとみるのが妥当です。

さらに、そもそもの話をすると、仮に職種別の給与相場が存在するとしても、同じ職種であればどこの企業に勤めても同じ給与になるということはあり得ません。給与相場に対して自社の給与水準を標準的なものにするのか、高めか、低めか、それは各社の人事戦略上の判断であり、支払い能力にも左右されます。職務給の世界になっても結局のところ、どの職種であっても、どの企業に勤めるかによって給与水準は大きく変わってきます。その意味では、職種別平均給与のデータを見て志望職種を決めることはお勧めできません。もし給与重視で職種を選ぶなら、給与水準が高い企業が求めている職種は何かという見方をするべきです。

職種別職務給の導入は進むのか？

日本でも、職種別の職務給を導入している企業がないわけではありません。電機メーカーA社の事例を見てみましょう。

A社は大規模にグローバル展開をしています。「海外の関係会社はすべてジョブ型で、それに乗り遅れていた日本の本社をグローバルスタンダードに近づけよう」ということで、一般社員層の給与にも市場原理を取り入れて、同じ等級であっても職種別に給与レンジが異なる職務給を導入しています。

A社には給与水準が異なる3つの報酬カテゴリーがあります。それは、技術系、営業系というような粒度の分類ではありません。まず、全社を網羅するように1400の職務記述書（JD）を整備して、すべてのJDについて採用市場での給与水準を確認したそうです。そして、金額の近い職種を括ってＡＢＣＤＥの５つに分け、最終的に３つの報酬カテゴリーに集約しています。つまり、報酬カテゴリーは、社内にある職種を採用市場での給与水準が高めの職種、標準的な職種、低めの職種に分類したものです。

３つの報酬カテゴリーの給与水準の差は一体どれくらいなのかというと、一般社員層では高めも低めもほとんど差がなく、管理職手前くらいからようやく差が出てくる程度だということです。

Ａ社のように精緻な採用市場調査を経て職種別の職務給を導入したとしても、実際には一般社員層では金額面でのインパクトはさほど大きくありません。ましてや、たいていは【図表14】のように、職種ではなく難易度や職責の大きさを基準にした職務給なので、金額の話に限ると、一般社員層では職種による損得はほとんど考慮する必要はないと言えます。

では、なぜＡ社は膨大な手間をかけて、職種別の職務給を導入したのでしょうか？　その答えは、給与以外の部分も含めた全体像を俯瞰《ふかん》しなければ見誤ってしまいます。ＪＤに紐づく人事評価や給与、現場のマネージャーへの大幅な権限委譲、そして、社内公募を原則にした異動配置。Ａ社のアプローチは、これらすべてを包含したジョブ型の人材マネジメント改革という位置づけです。職種別の職務給はそのパーツの１つに過ぎないので、報酬カテゴリー間の水準差がわずかだとしても、それをもって即、無意味だとは言えません。とくに、現場の権限や異動配置はジョブ型の導入によって大きく変化しており、それらが一般社員層の従業員に与えるインパクトは職務給の比ではありません。

異動配置については、最近の新卒は配属先を約束しないと入社しない、若手社員は異動先が希望に合わないと退職してしまうという話も珍しくなくなってきました。A社はほぼすべての人事異動を社内公募で行うという考え方ですが、一方では、ジョブ型を導入していても社命異動を中心にするという企業もあります。職種別採用を行っていても、「職種別採用は初期配属を約束しているだけで、雇用区分としては総合職なので、入社後に職種転換を伴う異動がないわけではない」という企業もあり、異動配置に関する企業のスタンスは分かれます。ジョブ型人材マネジメントにおける社命異動の是非や行う場合の方法論は、企業において極めて重大な関心事になっています。

もちろん、社員にとっても職種転換があるのかないのか、配属先や異動先を選べるかどうかという異動配置のあり方は、キャリア形成に大きく影響します。一般社員層のジョブ型人材マネジメントにおける最大のイシューは職務給ではなく異動配置だと言っても過言ではありません。異動配置については、あらためて第8章で詳しく説明します。

特定職種の給与テーブルを切り出す

職種別の職務給に話を戻すと、多くの総合職採用社員にとっては、あまり影響はなさそうです。前述の通り、総合職として採用した社員全員を職種で切り分けて職務給を設定する企業はほとんどなく、給与格差を設けるためという観点で見ると、労多くして功少なく、むしろ、異動配置の障害になったり、職種間に軋轢《あつれき》が生じたりという弊害が懸念されるからです。しかし、特定の職種についてはこれまでと違う施策を打ち出す企業が出てきています。特定の職種とは、採用需給が逼迫《ひっぱく》していて自社の標準的な給与水準では採用やリテンションが難しいＩＴ系職種などです。

それらの職種については、採用時に職種別採用を行うだけでなく、総合職として採用した社員についても、総合職から特定職種だけを切り出すかたちで職種別の職務給を適用するパターンが散見されます【図表16】。ほとんどの職種について明確な給与相場があるとは言えない現状においては、基本的には職種による給与格差を設けずに、採用やリテンションのために給与水準を高めに設定する必要がある職種だけを順次切り出すやり方は、現実的なアプローチだと言えそうです。

ここで注目すべきはミドルパフォーマーです。リテンション対象がハイパフォーマーだけであれば、職務給でなくても人事評価や昇格の運用で何とかなりそうです。自社の標準的給与水準では、その職種のミドルパフォーマーの採用やリテンションができない場合に、職種別職務給の検討が必要になってくるということなのです。

図表16　特定職種の切り出し

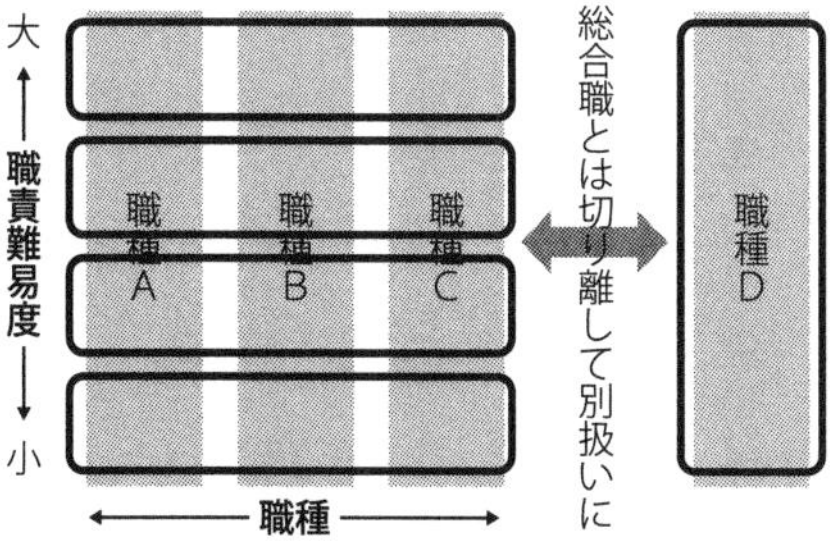

出所：パーソル総合研究所『職務給に関するヒアリング調査』

特定職種の昇格運用を切り出す

特定の職種の給与水準を上げようとした場合、その方法は職種別の職務給だけとは限りません。たいていの人事給与制度では給与水準は等級に紐づいているため、下位等級よりも上位等級のほうが給与水準は高くなります。1等級は20万～30万円、2等級は30万～40万円といった具合です。昇格が早ければ給与水準は高くなっていきます。

かつて能力主義の制度では、昇格に当たって在級年数基準を設けることが一般的でした。たとえば、2等級に昇格するには、少なくとも1等級に3年間在級しなくてはならないというような基準です。抜擢の仕組みがあっても在級年数が1年短縮される程度で、やはり2年は待たなくてはなりません。1等級から直接3等級に上がることを飛び級と言いますが、「職能資格に飛び級なし」というのも原則の1つです。それらは職能資格制度の年功化の一因になっていました。というのも、一旦昇格すると、「職能資格に降格なし」なので、昇格可否は時間をかけて慎重に見定める必要があるという考え方なのです。「賞与はその時かぎりなので構わないとまでは言わないが、昇格は後々の処遇にずっと影響するので昇格運用だけは間違えたくない」というのが人事部のホンネです。

もっとも、昨今は昇格に時間がかかりすぎて若手社員の志向に合わないということで、昇格に必要な在級年数を短縮したり廃止したりする企業が増えています。もし、あなたの会社がいまだに3年程度の在級年数基準を堅持しているなら、人事についてはかなり保守的な企業だと言えます。在級年数基準の短縮や廃止は、降格運用と表裏一体の面もあります。スピーディーに昇格できる反面、格付が適切でないと分かった場合には降格もありうるというわけです。とはいえ、実態としては、「3年連続で人事評価成績が最低ランクだった場合は降格」というように、とくに、一般社員層の降格に対する企業の姿勢はきわめて慎重です。

これに対して、ジョブ型の職務等級には、もともと必要在級年数という考え方が存在しません。属人基準ではなく仕事基準なので、だれが担当していても、「その仕事を担当していれば2等級」です。もし、「1等級の仕事を3年以上経験している人にしか2等級の仕事を担当させない」というようなルールがあれば、実質的に在級年数基準を設けていることになりますが、それではジョブ型が本来目指している適所適材の配置を実現できません。部長や課長などのマネジメント職ポジションであっても、勤続年数などにとらわれずに最適な人材を登用しようというのがジョブ型の基本的な考え方です。

もし、あなたの会社がジョブ型を導入しているにもかかわらず、課長登用にあたって在級年数基準などの属人的な条件を設定しているとしたら、それは、「適所適材の配置を目指すジョブ型」ではなく、「職責に応じた処遇差を付けるためのジョブ型」だと言えます。両者は同じではありません。前者であれば早い昇進昇格も期待できますが、後者は登用された結果としての処遇に差が付くだけです。ましてや一般社員層については、管理職のようにポジション数が厳密に決まっているわけでもないので、担当職務に応じたダイナミックな運用がジョブ型の持ち味になります。これは、担当職務が変わった場合に飛び級があるかもしれないし、一般社員層でも「職務等級の降級≒職務給の降給」があり得るということでもあります。それがジョブ型というものです。もともと、職務等級は「人」を昇格させる、降格させるという考え方ではなく、シンプルに「担当職務によって等級が決まる」仕組みだということです。

さて、在級年数基準とともに、昇格の障害になりやすいものが平均点主義です。減点主義と言ってもいいかもしれません。これは、国語、算数、理科、社会の4科目あったとして、いかに算数の専門能力が突出していて抜群の成績を挙げていても、1科目でも赤点や平均点未満があれば昇格できないというものです。企業の昇格基準もたいていは同じような考え方で作られています。

一芸に秀でたクリエイティブな人材を求めている、多様な人材が活躍できる企業を目指していると謳《うた》いながら、実際には平均点主義で昇格や登用を行っている企業が珍しくありません。そんな中、職種を限定して一点突破型の抜擢昇格を行っているB社の事例を紹介します。

B社は多くの技術系社員を抱え、ダイナミックな事業展開を行っている企業です。採用市場において明らかに給与水準が高く、かつ、自社の事業戦略のカギになる職種を「高市場価値人材群」と位置づけて、他の職種とは異なる昇格運用を行っています。具体的な職種としては、現在はＩＴ新事業開発系人材と財務・投資戦略系人材の２つであり、今後、グローバル系人材など、対象をどこまで広げていくのかを検討中とのことです。

Ｂ社の抜擢昇格の仕組みは、高市場価値人材群に指定された職種の場合、自社の通常の昇格制度において求められる７つの評価項目のうち「専門性」が優れていれば、それだけで昇格できます。昇格に年齢や在籍年数は関係なく、同じ専門領域の複数の社内有識者から見て専門能力と貢献度が高いレベルであると評価できる場合には、専門性の評価だけで抜擢昇格の対象になり、実際に、新卒入社２年目であっても一般社員層の最上位等級への飛び級昇格が行われています。Ｂ社の給与テーブルは全職種共通ですが、抜擢昇格した人の給与水準は一気に上がります。

このように、職種によって昇格基準や昇格運用を変える方法は、ジョブ型や職務給を導入しようとしている企業にとって、大いに検討の余地があります。職種によって給与テーブルを変えることなく、同等以上の効果を得られるからです。

一般社員層のジョブ型にどう対応していくか

一般社員層のジョブ型や職務給の実態は、あなたが想像していた姿とは異なっていたのではないでしょうか。遠い将来の話はともかくとしても、数年後、あるいは10年後に企業横断的な職種別の給与相場ができあがって、どの企業に勤めても職種が同じであれば給与水準が同じになるかというと、一般社員層のいわゆる正社員については、基本的には現状の延長線上だろうと予測しています。ほとんどの職種については、勤務先によって給与水準が大きく変わり得るということです。各社の給与水準は各社の人事戦略上の判断です。

一方で、程度の差はあっても、各企業とも給与の職務給的要素を強めていく方向であることも間違いありません。つまり、他社と全く同じ水準であるかどうかは別の話として、少なくとも自社としてはこれまでよりも仕事による給与のメリハリが大きくなっていくということです。

そのような状況の中、「ふつうの会社員」は、一般社員層のジョブ型にどう対応していけばよいのでしょうか？　前述のB社の抜擢昇格制度がヒントになります。

B社の制度には、①特定職種切り出し型である、②社内評価のフィルターを通している、③専門性重視のメッセージを明確に打ち出している、という特徴があります。ガチガチの教科書的なジョブ型ではなく、無期雇用の正社員にも適合しやすいかたちです。この①～③から、「ふつうの会社員」のジョブ型への対応策を考えてみましょう。

①職種別の給与相場を気にする必要はない

ほとんどの職種に明確な給与相場がない現状において、全社員を職種で分類して職種別職務給を適用しようとするアプローチは、企業にとって給与制度としてのメリットが少ないため、その方式を採用する企業はあまり増えそうにありません。やはり、自社の戦略推進上の重要性が高く、採用需給がタイトな特定の職種だけを切り出して別扱いにするかたちが主流になるでしょう。その場合の職種は、Ｂ社が挙げているＩＴ新事業開発系、財務・投資戦略系、ＤＸ系、グローバル系のほかにはＩＲ戦略系など、まずは少数の職種に限定されそうです。さらに、技術系職種については、細かな専門分野別に見ると、企業横断的な通用性が高く採用需給がタイトな職種が存在するので、各社の事業内容に応じてそれらの職種が加わるかたちです。いずれにしても、総合職から切り出される職種は、全体からすると一握りです。

それ以外の職種については、どの職種を選んでも、単純にそれだけで明確な金銭的損得が生じるということにはなりません。つまり、職務給やジョブ型と言っても、お金の面からすると、職種をそれほど気にする必要はないということです。

職種選びは、数十年にわたる職業人生のカギになります。パーソル総合研究所の調査では、

20代の約4割、30代以上では6〜7割が転職経験者です。今後はさらに、職業人生が1つの企業で完結することは珍しくなるでしょう。転職は、企業側からすると基本的にキャリア採用、経験者採用という位置づけです。つまり、たいていはあなたがこれまで経験してきた職種を軸に転職先を検討することになるということです。職種選択の機会があるなら、職種別の給与相場などに惑わされずに、自分の興味関心を重視して、長期的に自分の専門性の柱にできるような分野を選ぶべきです。

②能力主義、成果主義を意識すること

B社の制度は、その職種であれば無条件に給与水準が高いというわけではなく、「複数の社内有識者から見て専門能力と貢献度が高いレベルであると評価できる場合には」というように社内評価のフィルターがかかっています。職種を限定しているという意味ではジョブ型ですが、条件が専門能力と貢献度ですから、能力主義的であり、成果主義的です。他社でのヒアリングにおいても、「職種による処遇差を付けるなら、一律にやるよりも個別評価を通じた昇降給のほうがやりやすいし、他の職種からの納得が得られやすい」との声が聞かれました。

あらためて、職務主義、能力主義、成果主義を整理しておきます。

職務主義は、担当職務の責任の大きさや難易度に応じて処遇するという考え方です。どの仕事を担当しているかで、処遇が決まります。ジョブ型は職務主義です。

能力主義には、保有能力と発揮能力という捉え方がありますが、昨今は、能力を持っているだけでは意味がなく、実際に発揮してこそ価値があるという考え方が主流です。職務遂行プロセスにおいて、能力を発揮できているかどうかが問われます。

成果主義は、仕事のプロセスではなく、結果に応じて処遇するという考え方です。

つまり、B社の制度は、何を担当しているかだけではなく、遂行プロセスで能力が発揮されているか、成果を挙げているかを多面的に評価しようというものです。そのほうが処遇差を付けやすい、組織内で納得されやすいことは想像に難くありません。

担当職務だけで等級を決める職務主義の制度であっても、それだけで処遇がすべて決まるということはなく、能力主義や成果主義の人事評価が行われて賞与が決まったりするのが普通です。結局のところ、能力主義や成果主義と無縁ではいられません。転職するにしても、その職種で何ができるのか、どんな成果を挙げてきたのかが問われます。

一般社員層のジョブ型は、113頁の【図表14】に示した通り、たいていは職種別ではなく、職責や難易度別です。「その〝職種〟なので職務等級が高く、職務給が高い」ということではなく、「担当〝職務〟の職責や難易度が高いので、職務給が高い」という考え方です。ある職種の給与水準が高いとしても、職種ありきではなく、各人の担当職務を個別に評価した結果としてということなのです。担当職務の具体的内容が肝心です。

では、定型業務担当で2等級のあなたが、企画業務担当の3等級になるにはどうすればよいのでしょうか?

ジョブ型の教科書的な考え方では、経営戦略に基づいて組織とその組織内の各ポジションが設計されます。たとえば、人事部人事課は課長、異動配置企画担当（3等級）1名、採用企画担当（3等級）1名、定型業務担当（2等級）3名、課長以下合計6名で編成するという具合です。そして、各ポジションの職務内容は職務記述書で定めることになります。いま人事課にどんなメンバーが在籍しているかは関係ありません。純粋に経営戦略を遂行するためにあるべき組織とポジションをデザインし、必要な人材を社内外から探してきてアサインするという発想です。そして、職務等級はアサインされたポジションに応じて決まります。すでに3等級のポジションが埋まっている場合は、空きを待つということになります。

ジョブ型の適所適材の考え方は、ポジションの数と責任範囲を明確に定めることができるマネジメント職ポジションについては合理的です。適材が見当たらなければ、採用も視野に入れる必要があります。

しかし、一般社員層は様相を異にします。現実には、すでに在籍している多くの無期雇用の正社員を無視して全メンバーを入れ替えたり、一時のニーズで新規採用を行って無期雇用の社員数をやたらと膨らませたりするわけにはいきません。そもそも、現業部門ではないホワイトカラー系の部門では、ポジション数はあいまいです。有り体に言えば、まずは、既存社員の能力を最大限に活用して、今いるメンバーで何とかしようとするのが基本です。

そして、実際の業務の割り振りは、3等級だからと言って企画業務だけを担当するわけではなく、2等級の人であっても企画業務を担当することがあるはずです。企業によっては、3等級は担当業務に占める企画業務の割合が7割以上などと定めてあったりしますが、その7割というのはどう算定するのでしょうか？　時間？　それとも重要度？　いずれにせよ、ポジション数と同様に、それほど厳密に算定できるわけではありません。

さて、マネージャーが組織としての生産性を上げるために、一般社員層のメンバーにどのように業務を割り振ればよいでしょうか。その論理は極めてシンプルです。コンプライアンスを遵守したうえで、「各メンバーの能力に応じて、遂行しうる最大限の難易度の仕事を、最大量アサインすること」に尽きます。企画業務ができる能力があるAさんに、2等級だからと言って企画業務を割り振らないようでは、Aさんの能力を活かしていないことになります。逆に、企画業務ができないことが分かっているBさんに、3等級だからと言って企画業務を割り振ると、仕事に穴が開くことになります。

マネージャーが合理的な人だという前提に立てば、Aさんは企画業務のアサインが増えて、早晩、3等級に昇格することでしょう。ジョブ型であっても、昇格のために必要な行動は能力主義の制度とそれほど変わりません。答えは、専門能力を磨くことです。

③専門性にこだわること

B社の制度の3つ目の特徴は、7つの評価項目のなかで「専門性」が優れていれば昇格できること、すなわち、専門性重視のメッセージを明確に打ち出していることです。

前著『人事ガチャの秘密』で詳述しましたが、10年間で3部署経験するという人事ローテーションを行う企業でも、営業、人事、事業管理というように異なる職種を次々と経験させる企業は、今では少数派です。文字通りのジェネラリストも必要ではあるものの、その育成対象になる人は次世代経営人材候補として選ばれた少数でよいのです。ほとんどの社員については、10年間で３部署経験するにしても、たとえば、営業職という職種を軸にして担当サービスや担当市場を変えるというローテーションや、事業分野を軸にして営業、商品企画、事業管理のように担当職種を変えるローテーションが主流です。それらはいずれも、職種や事業分野という専門分野の「幅出し」のためのローテーションです。

職業人生を通じて長期的に通用する専門性の高さ（深さ）を求めるには、それなりの間口の広さも必要です。分野を狭く絞り込みすぎることは、かえって専門性を高めるうえでのリスクになり得ます。

その意味では、専門分野は人事総務系、財務経理系、業種別の営業系など、ある程度ゆるめに大括りで捉えるほうが良いかもしれません。人事総務系と財務経理系など、複数の柱を持つハイブリッド型という考え方もあります。また、職種だけでなく、事業分野も専門分野だと考えることができます。

必ずしも20代のうちに職種を絞り込まなくてもよいでしょうが、柱になりそうなものに当たりを付けて、遅くとも30代半ば～40歳前後には自分なりの専門分野を確立したいものです。

第6章

ずっと同じ仕事を担当していても昇給するのか?

物価上昇に対応する企業、しない企業

毎年、春の賃上げの時期になると、ベアという単語が目につきます。ベアとはベースアップの略で、昇給は「制度昇給」と「ベースアップ」に分けられます。制度昇給とは、給与制度によって昇給の基準や方法が定められているもので、よほどのことがない限り、制度に則って毎年実施されます。「定期昇給（いわゆる定昇）」は制度昇給のうち、一般社員層の大半の社員が昇給対象になるものをいいます。

ベアは、制度で決まっているものではなく、企業業績や経済状況などに応じて、給与水準を引き上げるものです。新卒採用の初任給改定をイメージすると分かりやすいでしょう。昨年は20万円だった初任給を今年は21万円にというのはベアです。ベアは、毎年あるとは限りません。

ちなみに、厚生労働省の令和６年（２０２４年）「民間主要企業における春季賃上げ状況の推移」を見ると、１９９５年以降、長らく1～2％台に低迷していた賃上げ率は、２０２３年に28年ぶりに３・60％と３％台に復帰し、２０２４年は５・33％と、１９９１年以来33年

ぶりに5％台の高水準になりました。この賃上げ率上昇の背景は、物価上昇と人手不足です。消費者物価指数（CPI）の推移を見ると、2000年代はほぼ横ばい、2010年代は10年間で5％程度の上昇でしたが、2020年代に入ると2022〜2024年の3年間で約8％上昇しています。主に、エネルギー価格と食品価格の高騰、新型コロナによるサプライチェーンの混乱などが要因だと言われています。その物価上昇に人手不足が相俟《あいま》っての高賃上げ率というわけです。制度昇給は基本的に毎年大きくはブレないので、2023年、2024年の賃上げ率の上昇はベアの影響と見てよさそうです。

厚労省の調査は、資本金10億円以上かつ従業員1000人以上の大企業を対象にしています。中小企業を含む日本労働組合総連合会（連合）の2024年賃上げの最終集計によると、全体で平均賃上げ率は5・10％、うちベアは3・56％です。ベアを実施したのは大企業だけではありません。組合員300人未満の中小組合の賃上げ率は4・45％で、ベアは3・16％です。中小組合でも3％を超えるベアを行っています。

財務省の「地域企業における賃上げ等の動向について（特別調査）」によると、2024年度にベアを実施する企業は70・7％で、ベアの引上げ率を「3％以上」と回答した企業の割合は、大企業で68・5％、中堅・中小企業等で52・0％です。

これまで、日本企業はベアらしいベアなしで、ほとんど制度昇給だけを行ってきた時代が30年ほど続いてきました。それだけ物価が落ち着いていたからともいえますが、物価が目に見えて上がっている2024年の賃上げにおいても、ベアを行った企業と行っていない企業があります。2024年4月のCPIは前年同月比2・6%上昇です。つまり、それ以上のベアを実施した企業は、物価上昇分をベアでカバーしようとした企業だと言えます。ベアを実施しなかった企業の給与水準は、物価上昇分だけ、実質的に目減りしているということです。

労働組合（労組）がある企業であれば、賃上げにおいて労組がベアを要求するはずですが、厚労省の2023年「労働組合基礎調査」によると、雇用者に占める労組加入者の割合を示す「推定組織率」は16・3%であり、前年に記録した過去最低水準を更新している状況です。労組がない企業の場合は、ベアを行うかどうかは経営の判断に委ねられることになります。

日本経済団体連合会（経団連）の2023年「人事・労務に関するトップ・マネジメント調査結果」によると、賃金改定にあたって特に考慮した要素（上位2つ）として、最も多かった回答は「物価の動向」（54・0%）であり、「人材確保・定着率の向上」（49・7%）、「企業業績」（34・5%）がそれに続きます。つまり、経団連会員企業1540社の労務担当役員等のうちの約半数は、企業業績よりも物価動向と人材確保・定着を重視して賃上げを行ったということです。裏を返すと、労務担当役員等の約半数は、そうではないということで、賃上げに対する企業のスタンスは二分されています。

あなたの会社は、２０２４年の賃上げにおいて３％以上のベアを行ったでしょうか？　あなたの会社の給与水準がベアの有無を気にする必要がないくらい高い場合は別ですが、もしベアがなかったとすると、物価動向や人材確保・定着をあまり気にしない会社に勤めているということかもしれません。

続いて、制度昇給を見てみましょう。

シングルレートとレンジレート

制度昇給は、給与制度によって定められているものです。まずは給与体系を見てみましょう。給与体系というと難しそうに聞こえますが、要するに給与明細に並んでいる給与項目の名前のことだと思ってください。基本給、職能給、職務給、役割給、年齢給、家族手当、住宅手当……等々、どんな給与項目になっているかは企業によってさまざまです。中には「基本給」のように名称だけでは何を基準にしているのか分からないものもありますが、たいていは、名は体を表しています。職能給であれば職能等級に基づいて、職務給であれば職務等級に基づいて、という具合です。

第2章で見た通り、労務行政研究所の調査によると、管理職層の約70％、一般社員層でも約50％に職務給または役割給が導入されています。つまり、仕事基準の職務等級や役割等級に応じて給与が支払われ、職責や難易度が高い職務を担当するようになって等級が上がれば昇給しますが、ほとんどの人はそうそう頻繁に昇格するわけではありません。では、等級が変わらなければ昇給しないのでしょうか？

等級別の給与のかたちは、シングルレートとレンジレートに大別されます【図表17】。シングルレートは、1等級＝20万円、2等級＝30万円というように、等級が決まればズバリと金額が決まるかたちです。1等級に100人いれば、100人とも職務給は20万円で同額になります。シングルレートの場合は、昇格しなければ給与は上がりません。正確に言うと、ベアによる昇給はあるかもしれませんが、シングルレートには昇格昇給以外の制度昇給はありません。給与査定はなく、人事評価結果の反映先は賞与だけです。

職務給を導入している場合に限らず、一般社員層については基本給をシングルレートにする企業はほぼ皆無です。管理職層では、職責が給与にほとんど反映されずに年功的になっている企業が、「組織長厚遇型」（第3章）への転換を狙って、ある種、ショック療法的にシングルレートの職務給を導入するケースが見受けられます。そのような場合を除けば、基本給はたいていレンジレートです。

レンジレートとは、1等級＝20万～30万円というように、給与額に幅があるパターンです。上下等級の給与との重なり具合によって、「開差型」、「接続型」、「重複型」に分類できます。開差型は1等級＝20万～30万円、2等級＝35万～40万円というように、1等級の上限金額よりも2等級の下限金額のほうが高く設定されているので、上位等級の人は必ず下位等級の人よりも給与が高くなります。職務等級であれば、職責が大きい人は職

図表17　シングルレートとレンジレート

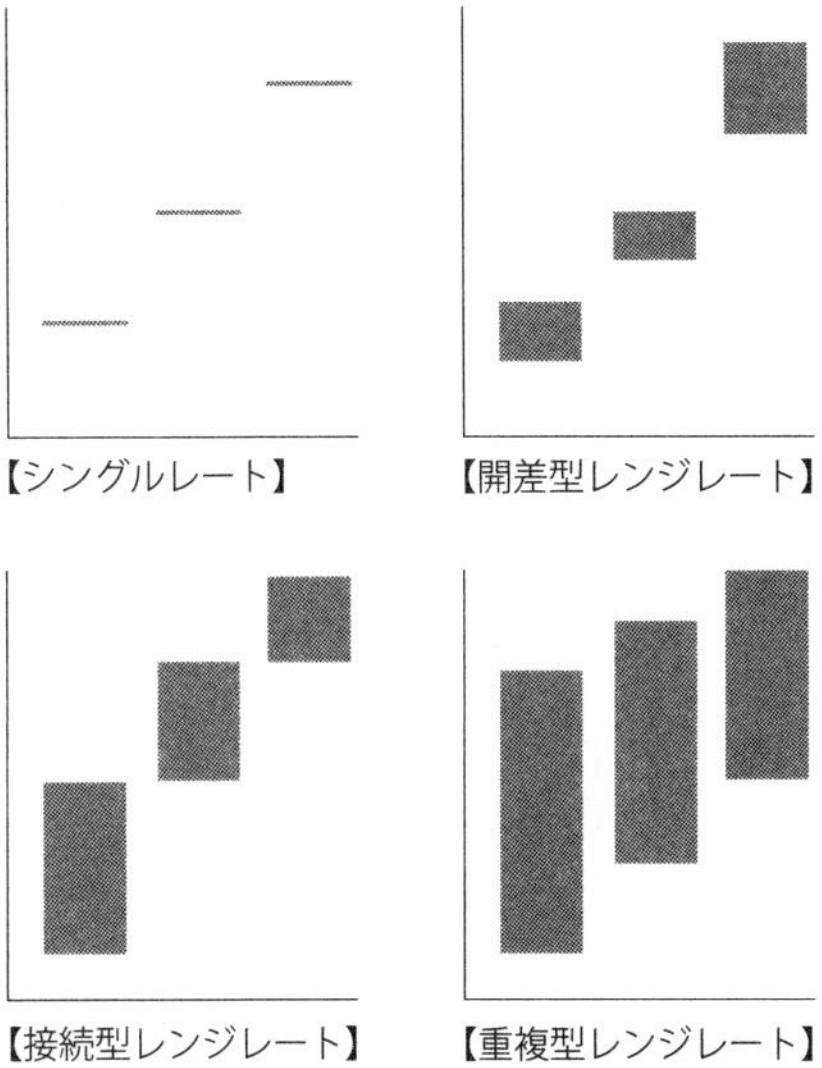

出所：パーソル総合研究所『職務給に関するヒアリング調査』

務等級が高く、必ず職務給が高いというかたちで、等級と給与が整合的です。接続型は、1等級＝20万～30万円、2等級＝30万～40万円というように、1等級の上限と2等級の下限が同額になっているものです。少なくとも、上位等級が下位等級よりも低額になることはありません。

それらに対して、重複型は、1等級＝20万～35万円、2等級＝30万～40万円というように、1等級の上限が2等級の下限よりも高くなっているものです。2等級で30万円の人は1等級で35万円の人よりも低額になるなど、等級に対して給与が逆転することがあります。ポジションごとの職務記述書を作って厳密に職務評価を行っている「グローバル志向型」（第3章）の企業でも、職務給が重複型になっているケースが散見されます。上位等級で職責が大きいのに職務給が低いことがあるという面で、重複型は少々スッキリしないかたちです。レンジレートの基本形は開差型です。重複型を採用する理由は、たいていは制度移行原資を節約するためです。

制度移行原資とは、人事給与制度を改定して旧制度から新制度に載せかえる時に、必要になる費用のことです。たとえば、旧制度で給与25万円の人と45万円の人を、新制度では2等級に移行させるとします。新制度で、2等級の給与レンジを30万～40万円にする場合、30万円未満の人の給与を一気に30万円まで引き上げる必要があります。25万円の人であれば移行原資は5万円です。もし、2等級の給与レンジが27万円からであれば、移行原資は2万円で済みます。

また、45万円の人は2等級上限の40万円になって5万円下がるのですが、実際には、制度移行時にいきなり減額するわけにはいかず、職務給40万円＋調整給5万円として、一旦、現行給与額を補償するかたちをとります。調整給は、ずっと支払われ続けるということはなく、毎年1万円ずつ減額されるなど、たいていは何らかの償却措置が取られます。つまり、将来に向けては減額されてゼロになることが予定されているものです。45万円は2等級として例外的に高い人でほとんどの人は40万円以下だということであれば、そのようなやり方になりますが、たとえば、40万円を超えていて調整給を支給される人が2～3割発生するということになると、もはや調整給が付く人は「例外」だとは言いにくくなります。社員からは、「減額予定の人が2割もいるなんて、新制度は賃下げのためじゃないか」と見られてもしかたありません。新制度の目的が人件費削減ではなく、適所適材配置やキャリア自律の推進などだとすれば、目的を誤解されて改革が頓挫することは避けたいところです。というわけで、給与レンジは開差型が望ましいと重々承知しながら、2等級＝30万～40万円としたいところ

更改型

昇給マトリクス表

給与額	昇給率				
	D	C	B	A	S
400,000円~375,001円	+0.0%	+0.5%	+1.0%	+1.5%	+2.0%
375,000円~350,001円	+0.5%	+1.0%	+1.5%	+2.0%	+2.5%
350,000円~325,001円	+1.0%	+1.5%	+2.0%	+2.5%	+3.0%
325,000円~300,000円	+2.0%	+2.6%	+2.8%	+3.0%	+4.0%

評価別給与表

評価	金額
S	400,000円
A	375,000円
B	350,000円
C	325,000円
D	300,000円

出所：筆者作成

が、実際には27万~43万円というようにレンジを広げた結果として、重複型になってしまいがちだということです。しかし、これは制度移行時における次善の策であって、将来に向けては、重複型から開差型に向けて給与レンジが修正されていく可能性が高くなります。シングルレートにはならないにせよ、同一等級における昇給余地は小さくなっていく方向性です。

また、本書では、説明を分かりやすくするために切りがいい数字で給与レンジを例示しましたが、実際には一般社員層でそれぞれの等級のレンジが10万円を超えることは稀《まれ》であり、たいていは数万円程度です。つまり、それ以上の昇給を望むのであれば、昇格するし

図表18　レンジレートの昇給方式（代表例）

累積型

号俸表

号俸	金額
1号	300,000円
2号	305,000円
3号	310,000円
4号	315,000円
5号	320,000円
6号	325,000円
7号	330,000円
8号	335,000円
9号	340,000円
10号	345,000円
11号	350,000円
≀	≀
21号	400,000円

段階号俸表

号俸	金額
1号	300,000円
2号	301,000円
3号	302,000円
4号	303,000円
5号	304,000円
6号	305,000円
7号	306,000円
8号	307,000円
9号	308,000円
10号	309,000円
11号	310,000円
≀	≀
101号	400,000円

評価別昇給額表

評価	金額
S	7,000円
A	6,000円
B	5,000円
C	4,000円
D	3,000円

かないということです。これは、職務給であっても職能給であっても同じです。

累積型と更改型、給与は毎年上がるのか？

レンジレートには2等級＝30万～40万円というように、同一等級における給与の幅があります。だからと言って、2等級の全員が上限金額まで昇給できるのかというと、必ずしもそうとは限りません。同一等級内での昇給方式は、「累積型」と「更改型」に分かれます【図表18】。

累積型は、給与レンジの最低額からスタートして、毎年の昇給を積み上げていくものです。典型的には「号俸表」です。同じ形式ですが、公務員の場合は俸給表と呼ばれています。号俸表は1号からスタートして、毎年1号ずつ上がっていきます。2年目は2号、3年目は3号になります。図表18の例では、20年間在級すれば、全員が上限の21号まで昇給します。号俸表に昇給査定の要素を加えたものが「段階号俸表」です。号俸表では5000円だったピッチ（号俸間の金額差）が、段階号俸表では5分の1の1000円に刻まれています。これを標準5号展開の段階号俸表といいます。SABCDの5段階評価であれば、S＝7号、A＝6号、B＝5号、C＝4号、D＝3号というように、評価成績に応じて昇給していきます。ずっとB成績であれば1号からスタートし、2年目は6号、3年目は11号で、20年目に上限の101号に到達します。サイコロの目に応じて進んでいく双六のようなものです。評価成績がDであれば2年目は4号です。累積型は在級年数が長ければ給与が上がっていくので、基本的に年功的性格を持っています。オーソドックスな段階号俸表は、「評価が高ければ昇給額が大きく、評価が低くても低いなりに昇給する」というかたちで、昇給額に大小があるだけでしたが、C＝±0号、D＝マイナス1号というように、評価が芳しくない場合にはゼロ昇給やマイナス昇給（減給）になるパターンも散見されます。昨今は、段階号俸表であっても、必ずしも全員昇給するとは言えなくなっています。

ちなみに、「定期昇給」とは、昇給査定がない自動昇給のことではありません。ゼロ昇給やマイナス昇給があったとしても、標準成績で昇給する段階号俸表などの累積型は、大半の社員が昇給対象になるので基本的に定期昇給の仕組みです。

それに対して、「更改型」は制度昇給ではありますが、定期昇給ではありません。「評価別給与表」は、評価成績が決まれば、ズバリと給与額が決まります。今年の評価がSであれば40万円ですし、Bであれば35万円です。昨年の給与額や評価がどうであったかは関係ありません。毎年給与が洗い替えられるので更改型なのです。昇給するか、据え置きか、減給かは今年の評価次第です。

昇給額管理と絶対額管理

「今年いくら昇給するのか」は、会社員にとって昇給シーズンの重大関心事です。毎年その時期になると、昇給額について一喜一憂することがあるでしょう。しかし、その一喜一憂も1～2ヵ月経つ頃には薄れてしまい、今年の昇給額はもう覚えていないという人も少なくないかもしれません。「大事なのは、昇給額よりも総額でいくらもらっているかだ」という人も多いことでしょう。給与には「昇給額管理」と「絶対額管理」という考え方があります。

たとえば、S＝7000円、B＝5000円というように、昇給額を重視する考え方を「昇給額管理」といいます。しかし、「評価別昇給額表」で毎年単純に昇給額を積み上げていくだけだと、給与総額は昇給額の累積の結果として決まり、年功そのものになってしまいます。

そこで登場するのが、「絶対額管理」という考え方です。絶対額管理の焦点は、いくら昇給するかではなく、「総支給額」です。たとえば、年功を排して、リアルタイムで絶対額管理を徹底しようとすると、2等級は一律30万円というようなシングルレートや、成績別にS評価人材には給与総額40万円、B評価人材には35万円支払うというような更改型の「評価別給与表」になります。更改型ではS評価を取り続けても、毎年40万円が支払われ続けるだけで、昇格しない限りは昇給しませんが、B評価人材よりも総額として高額の給与を支払っているので、それでよいという考え方です。

実際には、ほとんどすべての給与制度で、何らかの絶対額管理の考え方が導入されています。

レンジレートの場合も上限金額と下限金額が決まっているので、その意味では絶対額が管理されています。号俸表や段階号俸表も同じで、絶対額管理された給与レンジの範囲内で昇給が累積していくだけです。レンジレートの場合は、開差型から接続型、重複型と給与レンジが広くなるにつれて、絶対額管理の程度が緩くなります。

かつて、職能資格制度の職能給では段階号俸表がスタンダードでしたが、ジョブ型の職務給では、「昇給マトリクス表」を使う企業が珍しくありません。昇給マトリクス表は、給与の絶対額ゾーンと評価成績の組み合わせによって昇給率や昇給額が決まる仕組みです。段階号俸表では、評価成績が同じであれば昇給額も同じですが、昇給マトリクス表の場合は、同じ評価成績でも元の給与の絶対額によって昇給額が変わります。評価成績が同じであれば、給与が高い人よりも低い人のほうが多く昇給します。給与が高いS成績の人の昇給額よりも、給与が低いD成績の昇給額のほうが大きい場合もあります。給与が高いゾーンにはマイナス昇給を設定する場合もあります。昇給マトリクス表は評価成績が同じでも昇給額がさまざまになります。社員にとっては少々分かりづらい仕組みですが、その背景にあるものは、給与は、会社がその等級としてふさわしいと考える給与水準（ポリシーライン）に向けて、中期的に収斂させていこうという絶対額管理の考え方です。

昇給マトリクス表は、評価成績が高い人からすると釈然としない面もありそうですが、いずれの給与制度も、考え方としては昇給額よりも絶対額重視です。

給与が高いおじさん／おばさんにはなれない

昨今、「働かないおじさん／おばさんが高い給与をもらいすぎている」という若手社員の不満の声が、しばしばメディアで取り上げられています。本当に働いていないかどうかはさておき、同じ会社の中では、たいていは若手社員よりも中高齢のベテラン社員のほうが高い給与をもらっていることは事実です。厚労省の２０２３年の賃金構造基本統計調査を見ても、正社員の給与ピーク年齢は、男性は55〜59歳、女性は50〜54歳で、年齢とともに右肩上がりのカーブを描いています。若い頃は働きに比べて給与が安く、中高年になると貢献度以上の給与になるということで年功カーブだとか、「先憂後楽」カーブだとか言われています。

ちなみに、人事でいう年功の「年」は、年齢ではなく勤続年数のことです。年功とは、「勤続年数に応じて積み上がった功績」、すなわち、累積貢献度のことです。そして、給与も累積貢献度を反映すべく、毎年の昇給額を積み上げていくと右肩上がりの年功給与になり、その結果として、中高齢社員の給与は若手人材よりも高くなるというわけです。

中高齢社員の給与が高い理由の１つは前述の通り、昇給が累積型だからです。しかし、累積型といっても各等級のレンジの範囲内で昇給が累積していくに過ぎず、上限金額は等級ごとに絶対額管理されています。より本質的な理由は、昇給が累積型だからというよりも、多くの人が累積貢献度に応じてそれなりに昇格して給与レンジ自体が高くなっていくからなのです。企業側から見た能力主義の制度の最大の問題点は、「彼／彼女も長年頑張ってきているのだから、そろそろ等級を上げてあげよう」という昇格の年功的運用でした。

企業にとってジョブ型や職務給は、年功昇格を阻止する強力なツールです。少なくとも、能力主義の制度に比べると、年功昇格は激減していくはずです。そして、ハイパフォーマーについては、重要ポジションへの登用タイミングが早くなり、給与も高くなることが期待できます。これは、リアルタイムの処遇を望む若手人材の声に応える方向性だと言えそうです。

一方で、大多数のミドルパフォーマーの今後は、楽観視できません。企業は、過去からの積み上げの結果として給与が決まるのではなく、現時点の職務や貢献度に応じてできるだけリアルタイムで給与を決めていこうという考え方を強めています。職務給は、その流れに沿うものです。

昇格運用は職務主義になると能力主義よりもシビアになります。「長年頑張ってきたから、そろそろ……」は通用しなくなります。一般社員層の職務等級は、典型的には、1等級＝補助的業務、2等級＝定型業務、3等級＝企画業務、4等級＝監督指導業務というような区分です【前掲・図表14】。昇格を担当業務に応じて是々非々で行うと、管理職にならない人たちの多くは3等級が上限、人によっては2等級止まりというケースもありそうです。絶対額は等級別の給与レンジで枠がはまっているので、昇給が累積型であっても昇給余地はその範囲内に限られています。経営者のスタンスによっては、物価上昇時のベアも期待できません。これまでは、正社員の給与は右肩上がりで50代がピークでしたが、今後は、30代半ばがピークになる人が少なくないかもしれません。50代がもらっている給与水準への到達が30代に前倒しされるというわけではなく、それより低い水準で止まってしまうだろうということです。累積貢献度ではないリアルタイムの処遇とは、そういうことなのです。また、管理職層では、「課長になっても部長になれない人」が多数を占めるはずです。課長登用年齢を30代半ば～40代前半と見ると、多くの管理職の給与ピーク年齢は40代になりそうです。つまり、今の若手人材がいずれ中高齢社員になっても、さほど給与は高くなっていないかもしれません。今後の自分自身のキャリアを考えるにあたって、この点はしっかりと認識しておく必要があります。

副業や財テクなどではなく、今勤めている会社でそれなりに給料を上げていこうとすると、結局のところ、昇格が必須です。職務給の考え方では、職責や難易度が高い職務を担当するしかありません。同じレベルの仕事を長年続けて順調に給与が上がっていくことは、まったく期待できません。

「同じレベルの仕事でも、給与水準が高い会社に転職すればいいじゃないか」と考える人もいるでしょう。それも1つの方法です。しかし、一般論としては、給与水準が高い企業は基本的に生産性が高い企業であり、各職種の職務レベルも相応に高いと見るべきです。それに、一度くらいであれば、今と同じレベルの仕事で給与水準が上がる転職先が見つかるかもしれませんが、そのような転職を何度も繰り返し続けようというのは、あまり、現実的なプランだとは言えません。

それなりに昇給し続けるためには、今の会社に勤め続けるにせよ、転職するにせよ、やはり、専門性を磨く努力を続けながら、よりレベルが高い職務にチャレンジしていく姿勢が不可欠です。

第7章　昇格・降格、人事評価はどうなる？

「ふつうの会社員」はどこまで昇格できる?

ジョブ型人事制度の厳しさの根源は、昇格・降格運用にあります。前章で説明した通り、たいてい給与レンジは等級ごとに絶対額管理されており、一般社員層の各等級の給与レンジは数万円程度なので、社内で処遇をそれなりに上げていこうとすれば、昇格していく必要があります。

では、「ふつうの会社員」がふつうに働いていると、どこまで昇格できるのでしょうか。

新卒でどこかの企業に入社して5～6年、長くても10年くらい経験を積めば、多くの人は企画業務もこなす各部門のミドルパフォーマーとして働いていることでしょう。人事制度がジョブ型であっても能力主義であっても、それまでに2回くらい昇格していて、昇格に伴って給与も上がっているはずです。

「ふつうの会社員」の場合、新卒1年生よりも2年生、2年生よりも3年生のほうが仕事ができます。5年生は3年生より仕事ができる人が多いはずです。新卒は業務知識も経験もゼロからのスタートなので、伸びしろがあります。それに、20代のうちは上司や先輩から何かと目配りされ、あれこれ指導を受ける機会も多いものです。そもそも、総合職系の正社員は、「わが社の基幹業務の担当者として一人前の戦力になりうる」というのが、最低限の採用基準ですから、多少早い遅いの差はあっても、ほとんどの人がそこまで昇格することは既定路線なのです。ハイパフォーマーについてはジョブ型のほうが早く昇格できそうですが、ミドルパフォーマーにとっては、ここまではジョブ型も能力主義も大差ありません。経験を通じて能力が上がり、能力に応じて仕事がアサインされるからです。違いが出てくるのは、ここからです。

能力主義であれば、企画業務の担当者になって、以降ずっと同じ仕事を担当していても累積貢献度が考慮されて、さらにもう1～2等級、管理職層手前か初級管理職層の等級まで昇格できるかもしれません。

しかし、ジョブ型ではそうはいきません。ずっと同じ仕事を担当している限り、ずっと同じ等級です。企画業務の等級の上は、たいてい監督指導業務や高度専門業務と位置づけられています。職能資格制度であれば、「監督指導ができる能力がある」ということで昇格できますが、ジョブ型では、やればできるということではなく、基本的にその仕事を担当している必要があります。監督指導業務は組織長ポジションほど明確・厳密ではないにしても、ある程度ポジション数が限られます。ジョブ型では、企画業務の等級が昇格上限になるミドルパフォーマーも少なくありません。そうなると、前章で詳説した通り、30代半ばから40歳前後で給与ピークを迎えることになってしまいます。

残された道は高度専門業務担当です。こちらはポジション数にはほとんど制約されません。むしろ、高度専門職の人数の多さは、その企業の人材の層の厚さと言い換えることができます。その意味では本人の専門能力次第ですが、単に同じ仕事を長く担当していても、専門能力が上がっていくわけではありません。「専業度」が高くなるだけです。むしろ、同じ仕事が長くなりすぎると、特定範囲のその仕事しかできなくなるという一面があります。

専門能力を高めるカギは経験年数の長さではなく、成長につながる仕事の「場数」です。「ふつうの会社員」がその場数をどう作っていくか、その話は次章に譲って、第7章では、昇格・降格運用、その判断の基礎材料になる人事評価の実態を、政府の「ジョブ型人事指針」の企業事例をもとに解説します。

2024年6月に閣議決定された「新しい資本主義のグランドデザイン及び実行計画2024年改訂版」は、個々の企業の実態に応じたジョブ型人事の導入を推進する旨を定めています。「ジョブ型人事指針」は、それを受けて、2024年8月に内閣官房・経済産業省・

厚生労働省が公表したものです。

「ジョブ型人事指針」というタイトルではあるものの、内容としては、「日本企業の競争力維持のため、ジョブ型人事の導入を進める」が、「個々の企業の経営戦略や歴史など実態が千差万別であることに鑑み、自社のスタイルに合った導入方法を各社が検討できることが大切」ということで、全235頁のうち、3～233頁はジョブ型導入企業20社の事例を列挙しています。充実した事例集ではありますが、正直なところ、これを見て一般のビジネスパーソンがジョブ型を理解したり、企業が自社に合いそうな仕組みを考えたりするのは厄介な作業かもしれません。

以降、「ジョブ型人事指針」から適宜、紹介・引用しながら、昇格・降格と人事評価を解説します。

若手の管理職登用や役職定年廃止が進む

企業にとって、ジョブ型のメインターゲットは管理職層です。大目的の1つは、職務給によって職責と処遇を整合させること、そして、より本質的には、管理職ポジションの適所適材を推進することです。ジョブ型導入企業では、管理職登用やポストオフの方法に変化が見られます。それらはダイレクトに昇格・降格に繋がります。
企業事例を見てみましょう。まずは、若手の管理職登用状況です。

- 従前は等級ポイントの積み上げと、管理職試験により昇格が決まる運用であったが、これらを廃止。組織設計に合わせて管理職のミッションを定め、評価結果を参考に適任者を決定する仕組みとしている【KDDI】
- 以前は「累計昇格ポイント」の蓄積により昇格が決定されるため、年功的な登用がなされていたが、ジョブ型人事の導入によりこれを廃止した【資生堂】

これら2社の例では、等級ポイント・累計昇格ポイント、管理職試験という部分に注目です。

等級ポイントや累計昇格ポイントは、毎年、等級と人事評価成績に応じたポイントが付与されて、資格昇格や役職登用には、一定以上の合計ポイントが必要になるというものです。空きポジションの職務要件を満たしていても、ポイントが貯まるまでは登用できず、年功的性格を持っています。

管理職試験にも受験資格に年功的要素が含まれている場合が多いこと、そして、人事部によって中央統制されている点が特徴です。試験の廃止は、年功的要素の排除とともに、各部門のニーズに応じた登用が可能になることを意味します。リコーも管理職登用試験を廃止しています。

それらの取り組みによって、各社の若手管理職登用が進んでいます。

- 30代の初級管理職ポジションの比率は、従前は2％程度だったが、ジョブ型人事導入後は10％に増加している【リコー】
- 人事制度の改定により、管理職に占める30代の割合が3％から6％以上へと倍増するなど、若手抜擢の効果は出てきている【テルモ】
- ジョブ型人事導入後の約2年間で、従前ではあまり見受けられなかった、30代で課長に昇進する社員も増加している【ENEOS】
- 30歳前後で管理職に昇格するケースも出てきており、社内では「本当に会社が変わるのだ」という受け止めも広がっている【オリンパス】
- 新人事制度の導入以降、2021年4月から2024年4月にかけて、40歳未満の管理職

数は2・6倍に増加した【KDDI】

・非管理職の社員がマネージャーに抜擢され、一気に等級が4つ上がったケースもある【ライオン】

このように、ジョブ型によって若手登用の機会が広がっています。これまでは、特別な抜擢とみなされていたものが、今後は通常ルール内の登用として行われるようになるわけです。

ジョブ型の適所適材の考え方は、若手登用だけでなく、役職定年にも影響を与えています。役職定年制度は、年齢だけを基準にポストオフを行う、いわば〝逆年功〟のルールで、これも適所適材の考え方とは相容れません。

リコー、東洋合成工業など、ジョブ型導入を契機に役職定年を廃止した企業や、パナソニック コネクト、レゾナック・ホールディングス、ライオンなど、そもそも役職定年制度を設けていない企業も目立ちます。メンバーシップ型とジョブ型の「一国二制度」をとる三菱UFJ信託銀行は、ジョブ型の対象者には役職定年が適用されません。

また、オリンパスは、役職定年を廃止しただけでなく、**「定年後再雇用者は、従前は課長級以上のポジションには就任できなかった。これを改め、適任者であれば役職に登用し、そ**

れに応じた処遇ができる仕組みとした」と、一歩踏み込んだ対応です。ライオンでは、制度改定後は育休や産休等を理由に一時的に職場を離れた社員が管理職に任用されるケースも出てきているとのことです。

ジョブ型導入企業は、若手登用や役職定年廃止など、年齢に関わらずに適所適材の管理職登用を進めています。

管理職のポストオフが早くなる

若手登用が進んだり、役職定年がなくなったりと、ジョブ型の管理職登用施策はよいことばかりのように見えますが、実は、そうとも言い切れません。確かに、ハイパフォーマーにとっては、老若男女を問わずメリットがあります。一方で、ミドルパフォーマーへの影響はどうでしょうか？

役職定年の廃止は、ひとたび登用されたらずっと管理職を続けられるということではありません。むしろ、役職定年制度があれば、その年齢までは管理職でいられる場合が多いのですが、制度がなくなるということは、いつ外れるか分からないということです。

ファーストラインの管理職である課長には、必ずしもハイパフォーマーだけではなく、ミドルパフォーマーも登用されます。しかし、ミドルパフォーマーの課長が部長に昇進することは稀です。40歳前後で課長になった人が定年の60歳や65歳まで、20年以上も同じ部署の課長を続けることは、組織の健全性を保つうえで、決して望ましいことではありません。その間に、その組織の管理職としてよりふさわしい後進も出てくるはずです。ファーストラインの管理職はプレイングマネージャーの役割を求められることも多いため、専門性も不可欠です。そのため、ミドルパフォーマーの異動先は、たいてい、その専門性の範囲に限られます。

課長の多くは、ハイパフォーマーではないにしても、ほぼ期待されている成果を挙げているミドルパフォーマーです。となると、新たな適任者が現れても、なかなか現任者をポストから外しづらいものです。そのような状況において、企業にとっては、年齢だけを理由にポストオフできる役職定年制度は、新陳代謝を進める強力なカードでした。その切り札を手放したからと言って、管理職の新陳代謝を進めないわけにはいきません。

「ポジションへの登用・ポジションオフにあたっては、『Betterな人材』への入れ替えを意識している【リコー】」という考え方が、ジョブ型における管理職の配置のあり方を端的に表しています。

「Betterな人材への入れ替え」は、非常に強烈なメッセージです。これは、ローパフォーマーを外すというだけでなく、ほぼ目標を達成しているミドルパフォーマーであっても、より大きな成果を挙げられそうな候補者がいれば、ポストオフの対象になるということです。ハイパフォーマーであっても同様で、より優れたハイパフォーマーがいればポストオフになります。組織を強くしていくうえで当然の考え方とは言いながら、現実にはなかなか実行が難しかったことですが、ジョブ型はそれをやろうとしています。

ジョブ型では、管理職については適所適材の見直しに伴うポストオフ、そして、ポストオフに伴う降格は当たり前になっています。しかも、できるだけリアルタイムで適所適材の見直しを行おうという考え方です。

- 管理職は、ポジションの変更により等級の昇降が発生する仕組みであり、実際に等級の昇降を伴うポジションの変更は日常的に行われている　【レゾナック・ホールディングス】
- 管理職は、パフォーマンス評価を半期ごとに実施し、必要に応じてポストオフを行う。また、（中略）４年間の任期を設けることで、入れ替わりが生じ得る仕組みである。重要な職責を担う管理職は、職務に最も相応しい人材が継続的にアサインされる状況を作り出すため、制度的に都度の見直しを実施する　【テルモ】

・管理職に対しては、事業上の必要性に応じて都度等級の見直しが行われており、等級の洗い替えが毎月実施される　【オムロン】

このように、その都度の見直しが行われるということは、いつポストオフになってもおかしくないということです。役職定年年齢はたいてい50代半ば〜後半に設定されていますが、制度の廃止によって、おそらく、ミドルパフォーマーの管理職のポストオフは、実際には旧役職定年年齢よりも早くなるでしょう。40歳前後で管理職になってから10年程度、50歳くらいか、もしかすると、それより短いかもしれません。管理職在任期間が短くなり、ポストオフ後は降格になって給与も下がるでしょうから、生涯年収も役職定年があった頃より低くなりそうです。また、職能資格制度の場合は、いったん管理職になると、管理職を外れても一般社員層に戻るということはほとんどありませんでしたが、ジョブ型では、管理職から一般社員層への降格も見受けられます。

そもそも、年齢にこだわらずに適所適材の管理職登用を行うということは、若手の登用が増え、年功的な順送りであれば管理職になっていたかもしれないミドルパフォーマーの登用機会が少なくなるということでもあります。ハイパフォーマーにはいいけれど、ミドルパフォーマーには厳しすぎるという声も聞こえてきそうですが、企業の論理としては、ある面、当然の方向性です。

「ふつうの会社員」は、このような管理職登用・ポストオフ動向を念頭に置いたうえで、自分のキャリアを考えていく必要があます。

一般社員層でも「降格」が増える？

管理職はポジション変更に伴う昇格・降格が当たり前になっていますが、一般社員層ではどうでしょうか？

「非管理職も制度としてはダウングレードを実施し得るが、対象者はごく例外的なローパフォーマーに限定される【東洋合成工業】」という企業から、**「非管理職層内でのダウングレードも一定数行っている【アフラック生命保険】」**という企業までニュアンスの差はありますが、基本的には、**「職務が変更した場合は、それに応じて等級の上下の変更が発生する【日立製作所】」**という建付けが多く、**「一般社員には原則として、降給・降格は実施しない【三井化学】」**という企業は少数派です。総じて、管理職よりは降格の実施に慎重なスタンスであるとはいえ、「降格なし」が原則の職能資格制度と比較すれば、降格が増えるということになりそうです。

一般社員層の場合は、必ずしも管理職のようにポジションの職務内容や定員が明確に定まっているわけではなく、各人の能力に応じて仕事の範囲が伸縮したり、難易度が変わったりする面があります。それゆえ、第5章の「一般社員層のジョブ型にどう対応していくか」のところで指摘したように、ジョブ型であっても、一般社員層は能力があれば責任範囲が広く難しい仕事を任されるようになって昇格し、成果を挙げられることができないと見なされれば担当業務の難易度が下がって降格対象になっていくのです。

政府の「ジョブ型人事指針」の事例では、とくに一般社員層においては降格を実施する前に「ＰＩＰ」の対象にして、業績改善状況を見定めるという企業が目立ちます。

外資系企業に勤める人はＰＩＰをご存じでしょうが、日本企業の人には耳慣れない言葉かもしれません。ＰＩＰとは、「業績改善計画（Performance Improvement Plan）」のことです。業績不振の社員に対して、個別に具体的な改善目標、活動計画、スケジュールを作り、短いサイクルで進捗確認を繰り返します。海外では、ＰＩＰの期間は1～3ヵ月くらいで、目標を達成できなかった場合は降格や解雇に同意するという書面にサインをしてＰＩＰを始めることも多く、そのため、リストラ宣告と受け止められることが多いようです。

日本で行われるPIPは海外のそれとはニュアンスが異なるかもしれませんし、「ふつうの会社員」にはあまり縁がないかもしれませんが、参考までに、事例を紹介しておきます。

①PIP対象者

基本的には人事評価が一定水準以下の社員です。

- 一年間の業績評価を踏まえ、職務定義書に定められた期待値を満たす成果を発揮できず、また、1on1を含めた通常の成長支援では不十分と判断される社員に対しては、本人の同意の下でパフォーマンス改善プログラムが実施される　【パナソニック コネクト】
- パフォーマンスが芳しくない社員に対しては、より個別化した対応を行う。上司による指導後も改善が見られない場合は必要に応じてPIPを適用し、人財戦略部も関与してサポートを行う　【アフラック生命保険】
- 職務記述書に基づき客観的な評価を行い、パフォーマンスが継続して低い場合は、「パフォーマンス改善要請書」によるアラートを示すと同時に「パフォーマンス改善計画書」を本人と上司で作成する　【テルモ】

中には、ＰＩＰの対象範囲を広げているという企業もあります。

・以前のパフォーマンス改善プログラムは、降格の対象者に対して、最後のチャンスを与えるという側面が強かったが、通常の人材マネジメントの一環として、社員のパフォーマンス向上を図る運用へとシフトしている　【リコー】

②対象期間

3ヵ月（富士通、レゾナック・ホールディングス）とする企業もありますが、比較的長めに設定する企業や個別設定の企業も見られます。

・時間をかける。社員が抱える課題の内容によってはしっかり1年・2年と時間をかけて社員と向き合う　【オムロン】

・非管理職で降格が実施される場合は限定的であるものの、その場合でも「向き合いプロセス」として、約一年間をかけてパフォーマンスの改善を図る制度を取り入れた　【資生堂】

・以前は、実施方法や期間などのルールを一律に定め、画一的な対応となっていたが、現在は人財戦略部が専門的な立場からサポートを行い、個別の状況に応じて対応するというスタンスに変えた
【アフラック生命保険】

③対象者とのコミュニケーション

ＰＩＰの実施にあたっては、各社とも対象者との綿密なコミュニケーションを強調しています。まずは、ＰＩＰ以前の問題として、仕事ぶりに関する日常的なフィードバックです。

・ＰＩＰは非常に労力がかかるが、そもそもＰＩＰを実施するにあたっては、普段の評価手続において厳正な評価を実施し、ネガティブなフィードバックも躊躇せずに伝える必要がある。そうしたコミュニケーションを経ずして突然ＰＩＰの実施を言い渡されても、社員としても納得できず、課題認識やパフォーマンスの改善にはつながらない。絶対評価の理由をきちんと自分の言葉で伝え、必要に応じてＰＩＰを適切に遂行できるマネージャーは多くなく、会社としても苦しみながら対応している
【オムロン】

・社員に対しては、直前になって初めて通知するのではなく、前もって1on1などの機会を

通じてコミュニケーションを図り、予見可能性を持たせるようにしている【アフラック生命保険】

ＰＩＰ開始時点で確認することは、本人と上司との面談による課題の特定と、目標、計画などの合意プロセスです。人事部も加えて3者面談で行う企業も目立ちます。その後は、上司との高頻度の1on1で進捗と成果の確認を繰り返していきます。ＰＩＰの実施は上司にとっても、非常に大きな負荷がかかるプロセスです。

④ＰＩＰ終了時

ＰＩＰの対象期間が終わって改善目標を達成できなかった場合、もしかすると退職勧奨されることがあるかもしれませんが、日本では解雇されることはないはずです。

しかし基本的には、「**改善プログラムを受講した上で、改善目標が達成できない場合に降格が実施される**【ライオン】」「**各部署の裁量を重視しており、評価結果によっては、各部署の判断により降格が実施されることもある**【リコー】」などニュアンスの差はあっても、降格となるケースが多いようです。

中には、必ずしも降格ありきではないとする企業もあります。

- 目標を達成できず、改善が見込めない場合には、キャリアコンサルティングを行いつつ、社内・社外のほかの職種への転進の道を検討する。「PIP＝降格」と捉えられがちであることには苦慮している。自らの課題に向き合ってパフォーマンス向上に真摯に取り組む社員に対しては、会社としても支援を行い、現在とは異なる職務での活躍を検討している社員には選択肢を示すという考えの下で、制度を運用している

【レゾナック・ホールディングス】

降格の場合、どうなるか

降格になると、ふつうは給与が減額になります。しかし、いきなり大幅な減額になるわけではなく、たいてい何らかの激変緩和措置があります。実際の減額の規模感を見てみましょう。

- 降格後の等級の報酬レンジの上限が現状の報酬を下回る場合には、直ちに報酬を下げるの

ではなく、差額分を調整給として支給する。降格後も、一定の成果を出し続けた場合には調整給は減額しない【資生堂】

- 等級が下がる場合でも「G8・G7」「G6・G5」「G4・G3」「G2・G1」の4つのそれぞれのグループ内での降格であれば、報酬は据え置きとしている。更に、等級変更に伴う報酬の減額についても緩和措置を設けており、評価に応じて減額幅を概ね年間1～3%に抑えている【三井化学】
- 下位の等級に変更し、賃金の減額が発生する場合には、変更の次年度より毎年5%の減額となるよう、激変緩和措置を講じている【リコー】
- 急激な賃金の減額を避けるため、賃金の減額幅を一年間で5%までとする制限を設けた【ソニーグループ】
- 管理職であれば、月額報酬が5万円以上減額する場合には、減額幅は毎年5万円を上限としている（例えば、月額15万円の減額であれば、1年目は5万円減、2年目は10万円減で、3年目に等級と報酬額が一致する）。主査であれば、月額報酬の減少幅の上限は、毎年1万5000円である【オムロン】
- グレード給が減額となる場合は、1年目は100%、2年目は50%の調整給を支給してい

る　　　　　　　　　　　　　　　　　　　　【ＥＮＥＯＳ】

人事評価の本来的な機能

降格、ＰＩＰと、少々ドッキリする話が続きましたが、それはいきなりやってくるものではなく、基本的には、毎年の人事評価の結果を受けての判断です。人事評価というと、給与・賞与査定のためにあると思っていませんか？　確かにそれも人事評価の目的であり、機能の１つですが、そのためだけではありません。極論すれば、仮に全社員の給与・賞与が一律で同額だったとしても、人事評価は必要です。

ジョブ型人事制度の場合に限らず、人事評価の機能は、４つあります【図表19】。①組織目標との整合、②職務遂行状況把握、③人材情報把握、そして、④給与・賞与査定です。

①組織目標との整合

たとえば、評価基準が売上高であればメンバーは売上を上げるように動き、今期は利益で評価すると言えば、利益を意識して動くようになります。このように、人事評価には、組織目標に向けて各人の仕事のベクトル合わせをする機能があります。そのためには、期首にあ

図表19　人事評価の機能

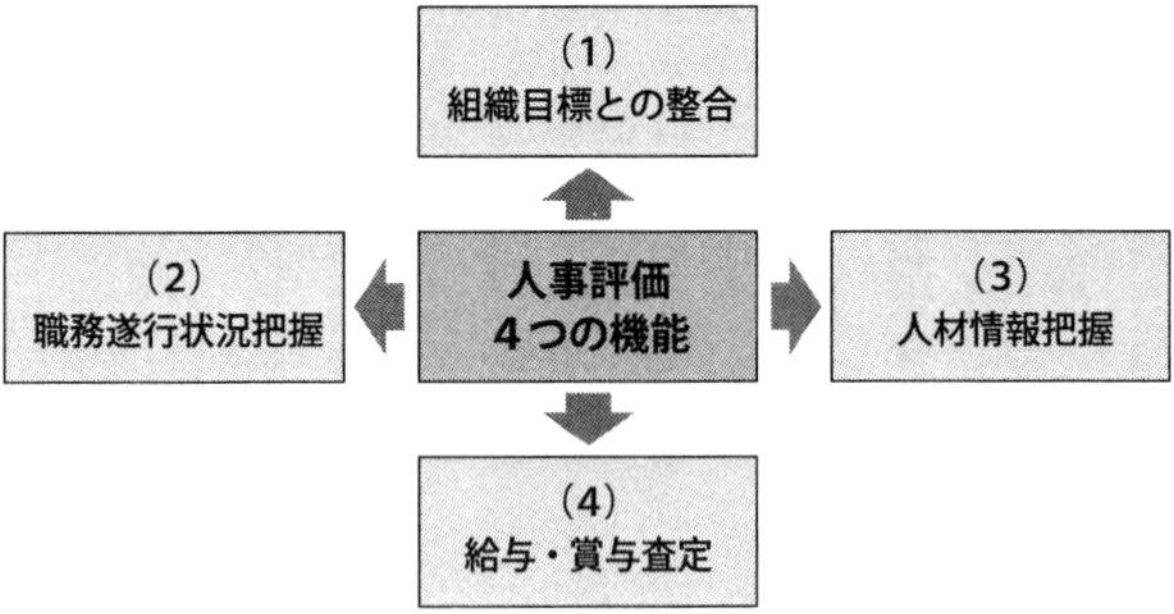

出所：著者作成

らかじめ評価基準が明示されている必要があります。「後出し」では、この機能は発揮されません。人事評価に目標管理を組み込むことが定番化していますが、これも組織目標と個人目標を整合させる意味があります。

②職務遂行状況把握

管理職は、期中に適宜、各人の担当業務の遂行状況を確認して、必要に応じて支援や軌道修正のためのフィードバックを行っているはずです。期末の人事評価は、それら期中の業務遂行状況の「総まとめ」であり、現在の職務アサインの適否が判断され、問題があれば、アサインの変更やＰＩＰが検討されることになります。

もちろん、期中の担当業務の結果とプロセスは、昇給・賞与査定の最重要データになります。

③人材情報把握

管理職にとっても、企業全体としても、メンバーの能力開発は常に最重要テーマの１つです。社員の能力向上は、組織の生産性向上、業績向上に直結します。職務遂行状況や行動から本人の職能レベルや強み、弱み、適性、行動特性などを推察し、今後の配置や能力開発、キャリア開発の判断材料にします。

職能型であれば、職能給や職能等級などの処遇に反映されます。ジョブ型でも、次の職務アサインへの反映を通じて、間接的に処遇反映されることになります。

適性や行動特性の把握は上司の観察による人事評価だけでなく、適性検査などが併用されることも多くなってきました。それらも含め、能力開発・キャリア開発に関する情報は基本的に本人のものであり、キャリア自律の観点からも本人へのフィードバックが必須です。

④給与・賞与査定

上記①～③は、人事評価以外の手法によって行うこともできますが、給与・賞与査定は人事評価固有の機能です。また、人事考課のフィードバックが、実質的に給与・賞与に反映される評価記号だけというケースも散見されます。そのため、人事評価というと、給与・賞与査定というイメージが強いのでしょう。

ちなみに、評価記号はたいてい昇給・賞与額から逆算できるので、フィードバックのうちに入りません。上記②③について、評価記号だけではなく内容をフィードバックしてこそのフィードバックです。人事評価のフィードバックは期中のその都度のフィードバックのまとめに過ぎないので、期中の密なコミュニケーションが重要です。1on1を取り入れる企業が多い所以です。

最近では、例は少ないものの「ノーレイティング」を導入する企業も出てきています。ノーレイティングとは、評価記号によるランク付けをしない人事評価手法です。ランク付けをしないとはいっても、メンバーの昇給・賞与は決めなくてはならないので、評価者の判断で、いわば、無段階の昇給・賞与査定を行うことになります。評価される側からすると、「恣意的」に見えやすいので、評価理由と金額決定理由のフィードバックがきわめて重要になります。ノーレイティングは、評価者に大きな負荷がかかる評価方法です。

ジョブ型の人事評価、実際のケース

ジョブ型でも職能型でも、人事評価の機能は前述の4つで同じです。人事制度や職務アサ

図表20　人事制度タイプと人事評価

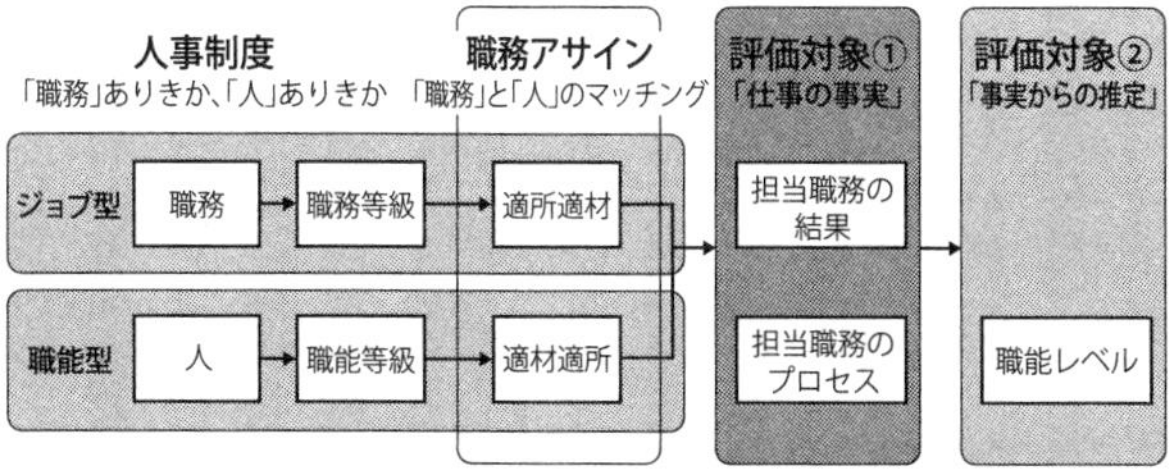

出所：著者作成

インの考え方は異なりますが、まず、「仕事の事実」である担当職務の結果とプロセスを評価し、次のステップとして、職能レベルなどを仕事の「事実から推定」するという意味では、ジョブ型も職能型も人事評価に大きな違いはありません【図表20】。

評価体系としては、ジョブ型の場合は、あらかじめ職務評価によって担当職務の職責範囲や難易度が評価されているという建付けなので、人事評価では「業績評価＋行動評価」というかたちで、「仕事の事実」だけを評価対象にするパターンが多く見られます。

職能型の場合は、「成績評価＋情意評価」で仕事の事実を評価し、そこから外部条件・内部条件を勘案して「能力評価」によって職能レベルを推定するというのが、伝統的な評価体系です。しかし、昨今は、能力評価と情意評価を統合して、行動評価やコンピテンシー評価とする企業が多く見られます。例えば従来は、「顧客のニーズや状況を的確に把握できる」という能力評価と「積極的に業務に取り組む意欲がある」という情意評価を行っていたものを一本化して、「常に顧客のニーズと個別状況を踏まえて積極的に行動している」というような評価を行うかたちです。すると、結果的にジョブ型企業の評価体系とあまり変わりません。ちなみに、職能資格で言う能力は「保有能力」ですが、コンピテンシーは「成果を挙げる人の行動特性」「顕在能力」なので、基本的には行動の評価であり、仕事の事実の評価です。

以下、企業事例から人事評価制度のポイントをピックアップしてみましょう。

①業績評価は組織目標との整合を重視

これは最近の話というわけではなく、1990年代半ばごろからの成果主義、目標管理による業績評価ブーム以来ずっと続いています。

- 中期経営計画に定めた全社目標は、社員一人一人の目標と連動させている。全社目標を下位組織の目標、個人目標へと落とし込むことで、個人のパフォーマンスを組織全体の目標達成につなげる狙いである
【日立製作所】

・成果評価は、各個人が設定したい目標を掲げるのではなく、全社目標と関連性をもたせるために、個々人の全ての目標を「経営の戦略的優先事項」のいずれかに結び付けることとした　【オリンパス】

中には、ジョブ型らしく職務記述書を意識させるパターンや上位等級の業務にチャレンジさせるパターンも見られます。

・職務定義書を活用し、ポジションごとに具体的に期待されるパフォーマンスを明示した上で、目標を設定し、達成度を評価する仕組みである　【パナソニック コネクト】
・上位グレードへの昇格にチャレンジする場合は、自身の職務定義書に応じた「標準期待値目標」だけでなく、全目標のうち半分は一つ上の等級の「上位グレードレベルの目標」とする　【資生堂】

②行動評価はバリューを強調

行動評価では、たいてい、遂行プロセスが企業文化や価値観に沿ったものであったかどうかを評価しています。多くの企業で、バリュー重視の傾向が強まっています。

- 新たに行動評価（以下の5つの軸の「持続的な価値創造に求められる行動」による評価）を導入。（中略）①ソーシャルニーズ視点　②誠実と信頼　③イノベーションの推進　④成果達成への執着と変化対応　⑤自身の成長（知識・スキル）【オムロン】
- コンピテンシー評価では、テルモの5つのコアバリューズである「Respect（尊重）、Integrity（誠実）、Care（ケア）、Quality（品質）、Creativity（創造力）」に紐づくコンピテンシーに加え、管理職層の基幹職、専門職でそれぞれ下記のコンピテンシーに基づき評価する。基幹職：「戦略的思考」「ビジョンと目的の推進」「人材育成」、専門職：「行動指向」「自己認識」【テルモ】
- 行動評価では、5つのコアバリューに基づき、各自の職務等級に応じて求められる行動基準に沿った行動の発揮度・質の高さを測る【オリンパス】

③育成・能力開発も忘れずに

業績評価、行動評価に加えて、能力開発目標を立てて評価する企業も増えています。ジョブ型では、ともすると担当業務の遂行状況の評価ばかりが強調されがちになりますが、能力開発は、極めて重要な視点です。

- 業績評価（Target Design）、行動評価（Core Value Review）に加え、単年度でなく将来のキャリアプラン実現に向けた取組の明確化（Future Design）の目標を設定することで、長期的な観点での成長を促す狙いである　【パナソニック コネクト】
- 評価結果を決定する会議も、評価内容を踏まえた今後の職務のアサインメントや成長支援を話し合う場としている。例えば、評価が高い社員に対してはより大きな職責や成長機会へのアサインメントを検討し、逆に評価が低い社員には、必要なスキル獲得に向けた成長支援を検討する。（中略）期末には、「インパクト」、「行動」、「学びと成長」という3項目で個人を評価する　【富士通】

④上司・部下コミュニケーションの量的・質的向上

昨今の人事評価では、運用におけるコミュニケーション重視が最大の特徴です。各社とも、高頻度の1on1を推奨しています。人事評価は期末だけのイベントではなく、日々のコミュニケーションの総括だという捉え方です。

• 「A Better Dialogue（より良い対話）」というコンセプトを掲げ、3つの観点から目標を設定するのが特色。（中略）3つの目標を設定するタイミングで上司と部下が対話をし、各人ごとに具体的な目標を設定する。期中は1on1を月に1～2回の頻度で実施し、対話の機会を多く設ける　【パナソニック　コネクト】

高密度のコミュニケーションによって、目標設定や遂行プロセスのレベルを上げようというのが主な目的ですが、それに加えて、評価の納得性を上げることも、コミュニケーションの目的になっています。人事評価の上振れ傾向や中心化傾向は、どの企業のどんな人事評価制度でも起こりがちです。管理職の中には、部下に厳しい話をできない人も一定数いるものです。「是々非々」の評価を行っていくという企業のスタンスは明確であり、各社において管理職のマネジメント力の向上が喫緊の課題になっています。これは必ずしもジョブ型に限ったことではありませんが、ジョブ型は職能型よりも管理職の人事権が強いので、とくに管理職のマネジメント力向上が強調される傾向があります。人事評価がノーレイティングの場合はなおさらです。

- ジョブ型人事の導入に伴い、マネージャーの責任と権限を高めているところ、各部門による主体的な人材登用を促進させることは、ジョブ型人事の定着のために必要不可欠である。マネジメント力を向上させることは特に意識している。これまでは、ネガティブな評価をする際に、部下に対して曖昧な理由しか伝えないケースも見受けられたが、社員の自立を促すためにも、改めるべき点は明確に伝えられるようマネージャーの意識改革を進めている　【リコー】
- 評価に差が生じることを恐れず、合理性のある評価を行えるようになることが、ジョブ型人事の運用にとって重要という考えである。部下に耳の痛いことであっても、成果が出ていない事実をフィードバックし、自己認識をさせるといった適切な評価を管理職が行えるようになる必要がある　【オリンパス】
- 評価の透明性を確保するにあたっては、まずは上司・部下の間で高頻度の１on１を通じた対話を行うことが重要である。部下の立場からの、評価の予測可能性を事前に高めることは意識している　【オムロン】

・評価記号を用いない、対話重視の「ノーレイティング」の評価制度を新たに導入した。（中略）上司は、部下に対する評価結果について、定性的な理由も含めて部下にフィードバックすることが求められる。マネージャーに対する研修は、年初・期中・期末の節目などに年3～4回ほど実施している。また、会社からの一方的なマネージャーに対する説明会のみでは、横のつながりを構築して情報交換を促進することが難しい。そこで、別途マネージャーのコミュニティを立ち上げ、良かった点や失敗した点を共有できるようにした　【パナソニック　コネクト】

「ふつうの会社員」の昇格・降格、人事評価

第7章の冒頭で説明したように、新卒で入社して、たいてい5～6年は比較的順調に昇格し、給与もそれなりに上がります。その間、上司・先輩、人事部にも目配りされて、新鮮な目で多くのことを学び経験しているはずです。仕事のイロハから始めた頃より、担当業務の難易度が上がり、責任範囲も広がっていきます。職能型でもジョブ型でも、それゆえ、順調に昇格し、昇給するわけです。30代前半くらいまでは、その延長線上かもしれません。企業から見ても、これは既定路線です。ハイパフォーマーであれば、ジョブ型の場合は適所適材

のメリットを享受し、管理職ポジションに若手登用されることもありそうです。

そして、プレーヤーとして脂が乗り切った30代半ば～40代は、多少の浮き沈みはあっても、基本的には毎年、ミドルパフォーマーとして相応の実績を挙げ続ける人が多いかもしれません。職能型であれば、「累積貢献度」が高まったということで、その間に、さらなる昇格を期待できるかもしれませんが、ジョブ型ではそうはいきません。累積貢献度ではなく、今の仕事だけを評価対象にするのがジョブ型です。何年間、貢献を積み上げてきていても、今の仕事がかつての仕事より難易度が高く、職責が広くなければ等級は上がりません。たとえば、30代前半で担当したレベルの仕事をずっと続けている……ということであれば、あなたの等級はそこがピークであり、給与がレンジレートであれば、その後数年は昇給するかもしれませんが、40歳前後にはその等級の給与レンジの上限に達してしまうことでしょう。同時に、管理職登用適齢期も終盤が近づいており、新たに登用される確率はかなり低くなります。また、30代前半から40歳前後までに仕事のレベルが上がっていなければ、率直に言えば、専門職として管理職相応の処遇を受けられる可能性はほとんど期待できません。

つまり、「ふつうの会社員」は40歳前後で給与ピークを迎え、その後、マンネリやモチベーションの低下、あるいは、担当分野の最新状況へのアップデートの遅れなどがあると、何年も経たないうちにPIP対象にならないとも限りません。これは、決してジョブ型の将来を誇張して危機感を煽《あお》っているわけではなく、「ふつうの会社員」にふつうに起こり得るシナリオなのです。そのシナリオを念頭に置いたうえで、取り得る道は2つです。そうなっても困らないように人生設計するか、それとも、そうならないようにビジネスキャリアを組み立てるかです。

人事評価については、多くの企業がコミュニケーションを重視し、高頻度の1on1を推奨する方向性です。1on1の際には、何はさておき、「自分の強みと弱みのフィードバック」を求めましょう。実際には、上司のマネジメント力・人事評価力もピンキリでしょうが、「そういう見方もあるかもしれない」という意味で、あなたのキャリアの方向性を考える参考になるはずです。キャリアの方向性を決めるのはあなた自身です。そのフィードバックは、貴重な参考情報です。

次章は、キャリアづくりのカギになる異動配置を見てみましょう。

第8章　キャリア自律に向けて機会を活かそう

ジョブ型人事とキャリア自律

ジョブ型は、「今の仕事」を基準に処遇を行う仕組みです。あなたのこれまでの「累積貢献度」は加味されません。将来については、企業は「将来の仕事」と「それを担う人材」のことは考えますが、「あなたの将来」のことを考えてくれるわけではありません。あくまで、主役は「仕事」です。ここが、メンバーシップ型と大きく違うところです。

「ジョブ型の会社は冷たいなぁ」と思うかもしれません。一方では個人の側も、第1章で見た通り、30代になると男性の6割前後、女性は40代以降は7割以上が転職経験者で、平均転職回数は2~3回です。1つの企業に義理立てする人もいるのでしょうが、よりよい勤め先が見つかれば転職する人も少なくありません。もはや、企業も個人も「1つの企業内でビジネス人生を完結させること」を前提とはしておらず、政府も企業の枠を超えた労働移動を後押ししている時代です。企業と個人との関係は、リアルタイムの経済的交換の色合いを強めています。もともと両者の関係はそういうものなのかもしれません。このような時代ですから、キャリア自律という言葉を持ち出すまでもなく、所詮、あなたのキャリアを本気で考えるべき人は、あなた以外にはありません。自分のキャリアにとって最も有利になることを、自分自身で考え抜くしかないのです。当然のことではありますが、昨今のジョブ型人事導入のトレンドは、それをあらためて思い出させてくれます。

ありがたいことに、企業も単に個人にキャリア自律を求めるだけでなく、さまざまな支援施策を打ち出しています。企業のキャリア自律支援施策は、①キャリア自律の必要性を認識させるもの、②社内の仕事や職務要件などを紹介するもの、③キャリアプランの立案を支援するもの、④スキルアップや自己啓発を支援するもの、⑤管理職の意識改革やコミュニケーション力強化を進めるもの、⑥担当業務アサインや異動配置に関するもの、⑦柔軟な働き方を選択できるもの、これら7種類に大別できます。

以降、政府の「ジョブ型人事指針」から企業事例を適宜、紹介・引用しながら、企業のキャリア自律支援施策を解説します。

①キャリア自律の必要性を認識させるもの

パーソル総合研究所の調査では、キャリア自律は心理面、行動面ともに、20代をピークに40代にかけて低下し、その後横ばいの傾向が見られます【図表21】。かつては、入社時の配

図表21　年代別キャリア自律実態

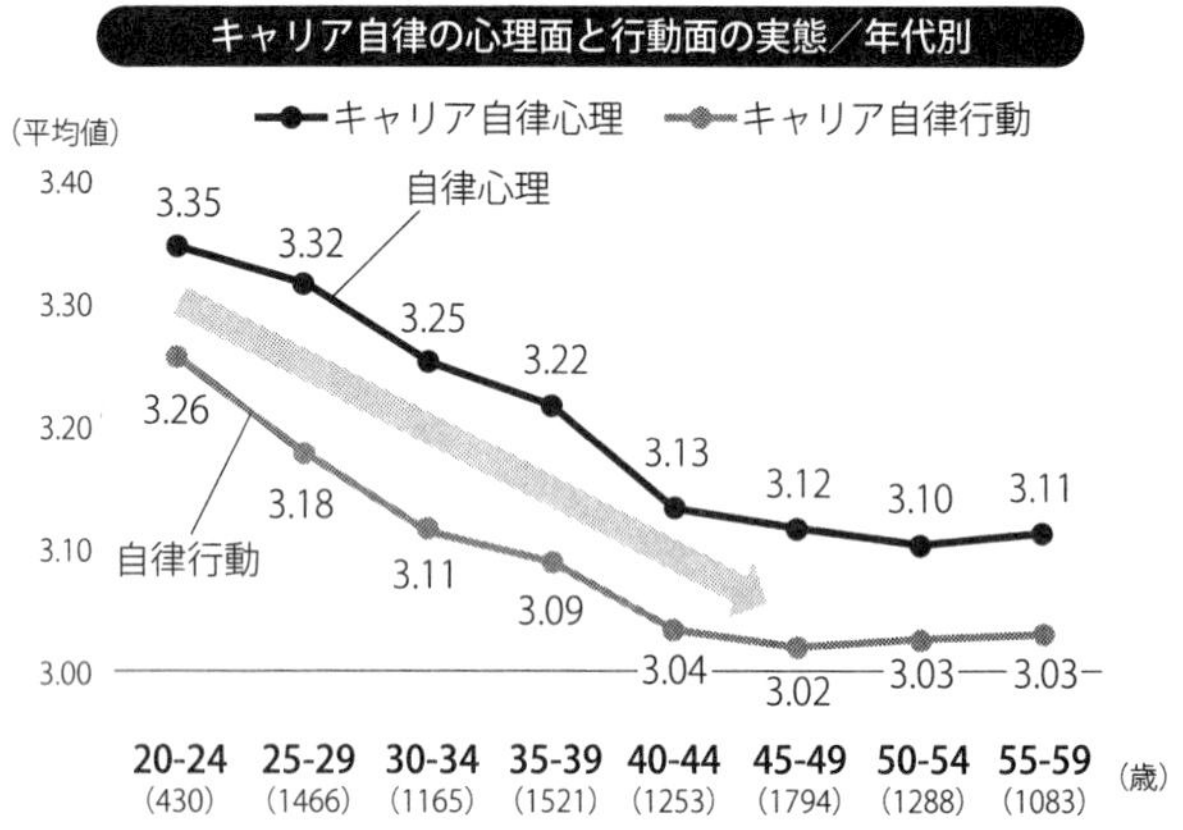

※カッコ内はn

出所：パーソル総合研究所「従業員のキャリア自律に関する定量調査」

属もその後の人事異動も会社命令に従うだけで、ビジネスキャリアは会社任せが当たり前でした。そのせいか、やはり、中高年社員は若手社員よりもキャリア自律に疎い状況です。

「自律的なキャリア意識が十分に浸透しているかといえば、受け身な姿勢の社員が多数を占めていることは否めない【オムロン】」「『主体的に学習してください』と会社に言われた途端、何をして良いか分からない〝キャリア迷子〟のような社員も生まれてきている【アフラック生命保険】」、現実にはそのような人が少なくありません。

キャリア自律の入り口は、まずは、必要性の理解からです。例としては、経営トップによるメッセージの発信や年代別のキャリア研修などのイベントを行う企業が目立ちます。

・会社と本人は「選び、選ばれる関係」であるべきとのメッセージを出し、社員のキャリア自律を促している。（中略）ＣＥＯとＣＨＲＯが事業所に赴き社員と直接対話するなど、経営層からの発信を重ねている　【レゾナック・ホールディングス】

・「キャリアカフェ」は、同世代の社員が集まり、仕事やキャリアをテーマとした会話を通じて自らキャリアを考え、行動するためのヒントときっかけを得る場として設計されている。年間８５００名の社員が参加している　【富士通】

とくに、年代別のキャリア研修は、中外製薬、オリンパス等々、多くの企業において定番化されています。研修対象を50代などに限定する企業も見受けられますが、個人の視点では、若い頃から定期的・継続的にキャリアを考えることがキャリア自律に有効です。できるだけ早い時期に、何らかの機会を捉えてキャリア自律の必要性に目覚めることが望まれます。

②社内の仕事や職務要件などを紹介するもの

次は、キャリア自律の必要性は分かったけれど、社内にどんな仕事があるのかよく知らない、その仕事に就くためにどんなスキルが必要なのか、どうやってそのスキルを身に付けたらよいか教えてほしいというニーズへの対応です。

個別ポジションの職務記述書（ＪＤ）を作成する企業は、たいてい、ＪＤを社内公開しています。ＪＤには職務の概要、責任範囲、必要とされる能力や経験などが書かれているので、社員のキャリア自律促進のツールとして活用できるわけです。あなたの会社が個別ポジションのＪＤを作成して公開しているなら、関心を持てそうなポジションを探してみましょう。そして、必要なスキルや経験を確認してみましょう。

・国内グループ会社を含む約12万の個別ＪＤの整備を進めており、各ポジションに求められるスキルや経験を明確化している。これを元に、上司・部下のコミュニケーション通《ママ》じて、一人一人の今後のキャリア計画を策定し、社員の新たなスキル獲得に向けたアクションにも活用している　【日立製作所】

・非管理職も含めた全てのポスト（２０２４年４月時点で約１６００ポスト）の職務記述書を作成し、社内で公開している。（中略）社内にどのようなポストがあるのか、自分が目指すポストに必要な資格やスキルが何かを知ることがキャリア自律の第一歩と考え、社員の主体的なキャリア形成の基盤として活かしている
【アフラック生命保険】

ジョブ型を導入している企業でも個別ポジションのＪＤを作成しない企業は珍しくありませんが、社内の仕事の詳細な情報提供の手段は、ＪＤの社内公開だけではありません。多くの企業が、キャリア自律促進に向けて、仕事図鑑的な冊子やＷＥＢサイトを作成したり、イベントを行ったりしています。

これらは、より直接的に仕事を紹介してキャリア自律に繋げるために企画されているものなので、ＪＤを眺めるよりも親しみやすいはずです。社内の仕事はもう知っているよという人も、先入観を持たずにアクセスしてみましょう。新たな発見があるかもしれません。

- 自律的キャリア形成を進める最初のステップは、まず〝知る〟ことであり、そのためのツールとして全社的に「ＪＯＢ図鑑」及び「キャリアパス図鑑」を整備。（中略）①ＪＯＢ図鑑：（中略）部署ごとの業務内容等に加え、推奨されるスキルや資格、業務に関連する具体的なエピソード等の情報が整理されている。②キャリアパス図鑑：社員が目指すキャ

リアに挑戦した後の自分をイメージしてもらうため、部門内・部門外での将来のキャリアパスのイメージを示す。必要な知識・スキルに加え、活躍できる人物像や、ステップアップに向けた研修や推奨図書などの情報が整理されている

【三菱UFJ信託銀行】

•キャリア自律支援のための社内ウェブサイトを立ち上げ、社内公募情報、社内の各ポジションの紹介、キャリアに対するレゾナックの考え方、社内でキーマンとなる社員のキャリア観などの情報を掲載。参考となる情報を一元化している

【レゾナック・ホールディングス】

•ジョブ・ポスティングを行う上で、職務記述書だけでは実際の働き方や職場の雰囲気等が分からない、という社員の声に対応するため、2022年から「キャリアEXPO」という社内の部署説明会を実施している。各部署が自部署の魅力を伝えるために開催方法や内容を工夫しており、多くの社員が参加している。2023年は全国から延べ1000人以上が参加した

【アフラック生命保険】

•社員のキャリア意識を向上させるため、11月を「マテキャリ」（三菱マテリアルの仕事・人を知る、キャリアを描く月間）と位置付け、キャリアを考えるイベントを集中的に開催。延べ1000人以上の社員が参加した

【三菱マテリアル】

③キャリアプランの立案を支援するもの

社内にどんな仕事があるのかを知っても、自分にはどんな仕事が向いているのかが分からなかったり、逆に情報過多で、自分が何をしたいのか、どうすればいいのか迷ってばかりという人もいるでしょう。そこで、一人ひとりの希望や状況に合ったキャリアプランの作成を手助けしてくれる施策があります。

本人の強み・弱みを知るということでは、上司の1on1を通じた定期的なフィードバックやアセスメント（適性検査）の活用が定番です。一方で、社員側には上司以外とキャリア相談をしたいというニーズも大きく、キャリア相談窓口の設置やキャリアコンサルタントによるカウンセリングが広く行われています。

ちなみにキャリアコンサルタントは国家資格で、キャリアコンサルティングを行う専門家です。中立的な立場でのアドバイスが期待できます。受験資格を得るには、労働者の職業選択や職業生活設計、職業能力開発に関する相談業務の実務経験が3年以上あるか、厚生労働大臣が認定するキャリアコンサルタント養成講習を修了する必要があります。講習の全体時間数は一般的には150時間程度、勉強時間は300〜500時間が目安のようです。

・直属の上司以外にキャリアを相談したい社員のために、人事部内にキャリアコーディネーターとキャリアカウンセラーを合計で30名配置した。初年度で、若手社員からシニア社員まで幅広い世代から約1000件の相談を受けている【富士通】

・社員が、上司以外に自身のキャリア形成に関して相談できる仕組みは大きく2つ。1つ目が「斜めメンター制度」。一定の若手優秀層や、女性マネージャー又はその候補者に対しては、社員の所属部署とは異なる部署のメンターを任命し、キャリア形成に関するアドバイスを行っている。2つ目が「キャリアセンター」という相談窓口。社員は自由に相談が可能で、今後の社内でのキャリア形成に関する助言や、必要に応じて社外の求人情報を紹介することもある【オムロン】

④スキルアップや自己啓発を支援するもの

自分のキャリアプランが定まって、将来やりたい仕事と必要なスキルの内容が分かれば、次はそのスキル獲得に向けての学習です。「Aflac Café」「CONNECTers' Academy」「KDDI DX Universit」「ライオンキャリアビレッジ」「リコーデジタルアカデミー」など、企業名を織り込んだ社内学習機関を設置して、学習支援に対するスタンスをアピールする企業も目立ちます。主な支援内容は、自社制作コンテンツやＡＩによる提案などを織り交ぜた、ｅラーニングで自由に学べる学習コンテンツの提供です。

- 複数の学習動画コンテンツサービスと契約し、社員はいつでもどこでも、優良な学習動画が見られるようにした。さらに、学びの動機付けを行うため、社内の多様な人材が自身の経験や思いをストーリー化して伝える番組や、学びの蓄積を分析して次に推奨される動画を提案する環境も整えた　【富士通】
- 約６０００の e-Learning 学習コンテンツを揃えており、同社のこだわりは、そのうち約６００の学習コンテンツを自前で作成し、部門ごとの特性に合わせていることにある。また、各分野に「教授」を任命し、ケース講義を行うことでより深い理解の獲得を目指す　【ライオン】
- 各自のキャリア志向に応じて自分のやりたい仕事を登録すると、ＡＩが学習コンテンツを提案し、好きな時間に勉強できる　【日立製作所】

各社とも多くのコンテンツを取り揃えているとはいえ、基本的に自社の重点事業領域に関連するものを中心としたラインナップです。これは企業として当然のスタンスです。たとえば、リコーは「リコーデジタルアカデミー」を設立してデジタル教育を行っていますが、「各社員による自律的な成長を重視しており、すべての研修を会社が準備することはしていない。職務記述書を全社員に公開しそれぞれのポジションでどのようなスキルが求められるかは明示しており、興味がある仕事がある社員は、自律的に成長してもらうことを目指している」としています。

もし、お目当てのコンテンツが会社から提供されていなければ、そこは自分で探して自己投資することになりますが、中には、自己啓発のために自由に使える費用として、「最大で年間10万円の自己啓発支援金【アフラック生命保険】」「規定回数の学習コンテンツの閲覧・ケース講義の受講を行った社員には『セルフ・デベロップメント・ファンド』として最大10万円【ライオン】」を支給する企業もあります。

また、キャリア自律意識が低い中高年を念頭にリスキリングが語られることも多いせいか、キャリア自律の啓蒙が行き届いてくると、「若手社員が多く利用することを想定していたが、実際には40~50代の利用者で全体の6割を占める結果となった【富士通】」というように、学習し続けなければ生き残れないという中高年社員の危機感・切迫感が高まるということでしょう。若手社員もうかうかしてはいられません。

⑤管理職の意識改革やコミュニケーション力強化を進めるもの

キャリア相談においても管理職の役割を重視する企業が多く見られます。キャリア自律の文脈に限らず、また、ジョブ型人事制度に限らず、高頻度の1on1を軸にした上司と部下のコミュニケーションを重視するのが昨今のトレンドです。一方で、1on1で何を話せばいいか分からないという管理職は、担当業務の進捗確認に終始しがちです。

管理職向けに「**傾聴・内省・自己開示・ストーリーテリングなどに関するプログラムを半年にわたり実施**【ライオン】」「**外部専門家から部下のコーチングを学ぶ**【三菱UFJ信託銀行】」など、上司・部下の関係性の改善や部下の成長支援を進めるためのトレーニングを行う企業も少なくありません。

中外製薬は、「**部下の成長支援に重点を置いた1on1を実施することで、部下の能力発揮を促すマネジメントを目指している**」として、以下の「5C」を特に重要な対話のテーマに定めています。

・5C

①Career：部下のキャリアへの支援（中略）

②Capability：部下の育成すべきスキル・能力（中略）

③Connection：部下を成功に導く連携・協働（中略）

④Contribution：組織課題との関連、貢献（中略）

⑤Condition：部下のこころとからだの状況（後略）

【中外製薬】

⑥担当業務アサインや異動配置に関するもの

今の企業に勤めたままキャリア自律を目指していく場合、支援施策の大本命は、社内公募制度をはじめ、自己申告制度、フリーエージェント制度など、担当業務や異動先を自分で選ぶことができる異動配置施策です。ある面、これらはジョブ型の核心です。

異動配置施策に関しては、少し長くなるので、後ほど項を改めて詳しく説明します。

⑦柔軟な働き方を選択できるもの

キャリア自律支援策としては、前掲①～⑥のほか、フレックスタイム制度やリモートワークなど就業時間や場所を選べるもの、さらには、副業やボランティアなど、柔軟な働き方を選択できるものが挙げられます。

フレックスタイム制度やリモートワークは、ジョブ型企業に限らず、広く一般的に普及しています。中でもメルカリの制度は自由度が高く、**「24時間365日好きな時間に勤務が可能。日中の中抜けや一日あたりの労働時間を増やして週休3日等にすることも自由」「日本国内であれば居住地は問わず、通勤手段も自由である。月額15万円までの通勤手当が支給され、約10％の社員が首都圏以外に居住」**とのことです。

副業や社外での就業では、**「職場の上司による認可制とし、機密情報管理、競業避止の観点等を踏まえ判断される。加えて、従業員の健康確保のため、週1日（7～8時間）を目途に所定労働時間外で副業を認めることとしている【日立製作所】」「社外で新たな仕事にチャレンジをする社員に経済的な支援を行う『ネクストチャレンジ制度』を導入【オムロン】」**などの企業も出てきました。

就業時間や場所を選べる制度は、キャリアを断絶させずに働き続けたり、勤務先の仕事以外の何らかの活動を行ったりする余力に繋がります。それらの制度の導入が難しい業種業態、職種もありますが、利用できる環境にある人はうまく利用しましょう。ただ、出社を減らすことで失う機会も全くないとは言えないので、そのあたりのバランスを考えながらということになるでしょう。

さらに、副業などの社外活動については、たいていの場合、公式には、あくまで本業（現在の勤務先）あっての副業という位置づけになるはずです。たとえば、就業時間などの形式上では、「本業：副業＝80：20」であったとしても、実際の心理的な関心度では「40：60」のようにウエイトが逆転してしまうこともあるでしょう。そうなると、現在の勤務先からは受け入れがたくなってしまうので、副業を持った働き方を続けるには、決められたバランスをしっかり守る必要があります。いずれにしても、働き方の選択肢が増えることはよいことです。要は、使い方次第です。

ジョブ型企業の異動配置

「ロミンガーの法則」というものがあります。それによると、ビジネスパーソンの成長に対する影響度は、「業務経験7割、薫陶2割、研修1割」です。「70：20：10の法則」とも言います。上司などからの指導助言や研修、自己啓発よりも、はるかに、自分で経験し身をもって学んだことの影響度が大きいということです。

ここで、「業務経験」とは何かを考える必要があります。ふつうの日本語としては、単に同じ仕事を長期間繰り返すことも業務経験ではありますが、それが成長に資する業務経験かどうかというと疑問です。少なくとも、同じ仕事を繰り返して成長できる期間には、上限がありそうです。

ここで、もう１つ考えるべきは、「同じ仕事」とは何かということです。たとえば、人事と営業は明らかに別の仕事ですが、営業で担当商品が変わった、顧客が変わったなどという場合、別の仕事になったと言えるでしょうか？　それとも、いずれも営業なので同じ仕事でしょうか？　その答えは、Yes and No で、担当商品や担当顧客が変わって、そこから何か学ぶことがあり、営業としての専門能力の向上に繋がるのであれば新たな業務経験と言えるでしょうし、そうでなければ、これまでの仕事の延長に過ぎません。要は、どのような意味付けができる仕事かということです。

自分にとって望ましい業務経験を継続的に得られるかどうか、専門能力を磨くことができるかどうかは、きわめて重要です。一般社員層の「ふつうの会社員」にとって、実は、職務給かそうでないか、給与レンジや昇給方式がどうなっているかは、クリティカルというほどではありません。

管理職層でマネージャーを務めていても、ほとんどの人は55〜60歳でポストオフになって、プレーヤーに戻ります。第7章で説明した通り、ジョブ型が浸透して役職定年制度が進んでくると、むしろファーストラインのマネージャーのポストオフは50歳くらいに早まってくる可能性があります。

また、65歳、70歳まで働くことが当たり前になりつつある今日では、社歴が1社で完結することは稀です。そうなると、ビジネスキャリアを通じて最も頼りになるものは、企業をまたいで通用する専門能力ということになりそうです。専門能力を磨くカギは「業務経験」であり、業務経験の豊かさを大きく左右するものが異動配置です。ジョブ型になると、異動配置はどのようになるのでしょうか？　人事異動方針や施策を見極めるポイントを解説していきましょう。

人事異動方針については、手挙げ異動重視か、社命異動重視か、が最大のポイントです。ジョブ型というと、人事異動がなくなるとか、すべて社内公募になるとかというイメージがあるかもしれませんが、必ずしもそうではありません。手挙げ異動重視を掲げる企業が増えますが、実態としては、社命異動を重視する企業、手挙げ異動重視の企業、両者のバランスを取ろうとする企業の3つに分かれます。政府の「ジョブ型人事指針」から、それぞれの人事異動方針を紹介します。

手挙げ異動を重視する企業には、電機メーカーが目立ちます。社内公募を大規模展開しようとする人事部の懸念は、部門間や職種間の人気不人気です。特定部門や職種からの応募が増えることが想定されても、部門や職種の不人気には不人気なりの理由があるはずですし、社員目線では「現部署で塩漬けにされたくない」との思いもあるはずです。「**社内公募により多くの社員が流出する部署から苦言を呈されることもあったが、**『**社外に流出するよりは、社内で活躍してもらった方が良い**』との説明を行っている【ソニーグループ】」と割り切らない限りは社内公募を大規模に展開することはできません。経営トップのコミットメントが必要であり、相応の覚悟なしでは踏み切れない施策です。

- ポスティング（社内公募制度）の対象ポジションを大胆に拡大し、特に管理職への昇格には全てポスティングへの応募・合格を必須とすることで、自ら手を挙げてチャレンジする風土を醸成することとした。（中略）職種や業務内容によっては、ポスティングを通じて人材が他組織に流出し、かつ他組織からの応募もなかなか集まらないケースも生じたが、人材の流動化が企業価値の向上につながるという経営層の強い思いの下で、制度を導入し、運用している

【富士通】

・どうしても人気・不人気の部署は生じてしまうが、自ら「選ぶ」ことが社員のエンゲージメント向上につながると考え、社内公募は重要施策として推進する方針である

【レゾナック・ホールディングス】

・基本的には、会社主導による異動は控える方針であり、各人のキャリア意識を高めながら、公募による人員配置を目指している

【パナソニック コネクト】

社命異動重視の企業は、会社がすべての人事異動について一方的に異動先を決めて社員に命令するのかというと、そうではありません。たいていは社内公募も行い、自己申告などでの本人希望を織り込んで人事異動を行っています。社命異動重視の企業とは、「手挙げによる人事異動の割合がかなり少ないと自覚している企業」だといったほうが正確かもしれません。

・長期的な社員の育成を目指すにあたり、会社主導の異動配置は重要との考えである。若手社員は専門性強化に重きを置き、同一職種内での異動が多い　【リコー】
・現時点では、社命異動の方が多く、手挙げによる異動は全体の数％程度である。他方で、会社主導の異動であっても本人が作成したキャリアプランに沿って異動先が決められるケースも多い　【ＫＤＤＩ】
・異動は会社主導が大半であるが、できるだけ社員の意向を確認した上で判断しており、基本的には本人の意に反する異動は行われない　【資生堂】

キャリア自律のトレンドの中で手挙げ異動の要請が高まってくる一方で、各部門の要員確保は、いつの時代も人事部の最重要ミッションであることに変わりはありません。社内公募中心に人事異動を行おうとした場合、部門間や職種間の人気・不人気よりも厄介な問題が地方拠点の要員確保です。地方拠点から大都市圏への異動希望者数に対して、地方拠点への異動希望者が少ないために、社内公募では欠員が生じてしまう。地方拠点で外部採用しようにも、そもそも、その地方の人材マーケットには十分な人材がいないので、社命異動するしかないということになりがちです。

とくに、職種転換や転勤をともなう社命異動については是非と方法論を検討する必要がありますが、社命異動と手挙げ異動のバランスをとりながら人事異動を行うしかないというのが現実だと言えそうです。

・社命異動と公募のバランスを踏まえた人材配置を実施していく。自律的なキャリア形成に対する意欲が高い人に対して、手挙げ方式の社内公募制度を拡充することで、社員が自らの意思で就きたいポジションへ異動することを支援する　【日立製作所】

・ジョブ・ポスティング（社内公募制度）の拡充など、社員が自らキャリアをつかむ仕組みを構築する一方、会社主導の人事異動も実施している。（中略）全国にある各拠点への人員の配置が不可欠であることを踏まえたもの　【アフラック生命保険】

なお、企業の人事労務担当者2万4429人を対象にした労政時報（4075号）の「人事異動・配置転換に関するアンケート」調査では社命異動重視が62・4％であり、やはり、企業全体では社命異動重視の企業のほうが多い状況です。そして、手挙げ異動重視を掲げている企業にも濃淡があり、人事異動のほとんどすべてを社内公募で行おうとする企業は、さほど多くありません。

年間の人事異動数は、各部門権限で実施して本社人事部が管理していないものがあったり、組織名称変更だけのものがあったりするので実態把握が難しいのですが、パーソル総合研究所のヒアリング調査では正社員の２割程度でした。労政時報（４０７５号）の調査では、２０２３年度の定期異動での異動率が10・９％、随時異動が５・４％、合わせて年間で16・３％です。毎年、５～６・７人に１人が異動する勘定です。それらからすると、ジョブ型の手挙げ異動重視の企業においても、たいていは社内公募による異動数よりも社命での異動数のほうが多いのが実態だと言えそうです【図表22】。

手挙げ異動重視であるということは、異動配置に自分の意思が反映される機会が多いということですから、社員にとっては望ましいことです。「ふつうの会社員」が社内公募を十分に活用できるかどうかは、オープンポジションの数と種類に依存します。とくに、社内公募制度導入の初期段階では、対象ポジションを新規事業などに限定するケースが散見されます。新規事業ポジションの社内公募は、そもそも自社にいないタイプの人材を探そうとしていることもあって、合格のハードルが高くなりがちです。社内公募は、既存事業の営業職などの一般的ポジションの募集が数多く行われてこそ、活性化します。

図表22　社内公募の実施規模

	社内公募件数	応募者数	異動者数	従業員数	備　考
富士通		約27,000人	約9,500人	124,055人（連結）	2020～2023年の4年間
日立製作所		981人	200人	268,655人（連結）	2023年度
アフラック生命保険		380人		4,874人	2023年
パナソニックコネクト	240件	332人	151人	28,240人（連結）	2023年度
レゾナック・ホールディングス	163件	209人	80人	23,840人（連結）	2023年度
ソニーグループ			8,000人以上	113,000人（連結）	これまでの累計
オムロン	約400件	200人超	合格率50%程度	28,034人（連結）	年間
中外製薬				7,604人（連結）	現状では8～9割が会社主導
KDDI			152人	61,288人（連結）	2023年度、管理職を含む
三菱マテリアル	250件超		60人程度	18,323人（連結）	2022年度と2023年度の2年間
資生堂	約40件			30,540人（連結）	2023年、新規採用ポジションのうち30%
リコー				79,544人（連結）	部署の判断に応じて社内公募を実施
テルモ	約330件	約400人		30,591人（連結）	2023年度
オリンパス				28,838人（連結）	限られた範囲での実施に留まる
ENEOS				24,925人（連結）	求人部門の判断により社内公募を実施
ライオン				7,550人（連結）	2023年度末より一部の試みとして社内公募制度を導入
三井化学	164件		47人	19,861人（連結）	2019年に社内公募制度を復活、これまでの累計
三菱UFJ信託銀行				14,478人（連結）	ジョブ型人事下では、原則として異動はない
東洋合成工業				932人	社内公募に関する記載なし
メルカリ				2,101人（連結）	社内公募に関する記載なし

※「ジョブ型人事指針」記載順
出所：政府の「ジョブ型人事指針」から筆者作成

また、手挙げ異動重視を実践していくには、「キャリア採用を行う『オープンポジション』が生じた場合には、同時に社内募集がなされ、社内ウェブサイトにて情報が開示される。社外採用を念頭に置いている場合でも、同時に社内公募をかけるルール【日立製作所】」や「ポジションに空きが生じた場合は、部署の判断に応じて社内公募が実施される【リコー】」といったルールが欠かせません。あなたの会社や転職先の手挙げ異動重視の本気度合は、社内公募件数や募集ポジションの種類、社内公募実施ルールで推し量ることができます。

意に沿わない異動を拒否できる？

社命異動では、職種、事業部門、勤務地など、社員の希望に合わない異動を提示されることもあり得ます。ジョブ型の事例では、職種が変わる異動への慎重姿勢が見られます。

たとえば、ソニーグループや資生堂は、職種が変わる異動では個別同意を得るとしています。これは、両社が職種別採用を行っていることと関連があるかもしれません。職種別採用の場合、職種変更に個別同意が必要な場合があります。ただ、職種を限定しない総合職採用であっても、仕事の区分と言えば、まずは職種です。ジョブ型人事制度であれば職種変更への配慮は当然の方向性ですし、ジョブ型でなくても、たいていはキャリア形成の基本軸は職種なので、「ふつうの会社員」としても、職種が変わることに納得がいかない場合は、会社としっかり協議することをお勧めします。

・社員本人の希望に応じて異動ができるカルチャーであり、会社主導での異なる職種への異動はあまり行われない。上司から異動を提案することは一定程度あるが、強制はしないように運用しており、基本的に異動にあたっては社員の個別同意を取得している

【ソニーグループ】

・異動は会社主導が大半であるが、できるだけ社員の意向を確認した上で判断しており、基本的には本人の意に反する異動は行われない。特に、職種を変える異動を行う場合には、明示的に本人の同意を取得している

【資生堂】

一方、事業部門の変更や転勤が伴う異動については、職種変更と同列に扱うことは難しいかもしれません。企業経営視点での手挙げ異動の難点は、「戦略配置を行いにくい」という点です。戦略配置の代表例は、人材ポートフォリオの組み替えと次世代経営人材育成です。

経営戦略として、「選択と集中」の観点から事業ポートフォリオを見直す場合、当然のこ

ととして、それに連動して人材ポートフォリオを組み替え、A事業からB事業に人材をシフトさせなければならないということが起こります。この時代、事業ポートフォリオと人材ポートフォリオの組み替えはどの業界にあっても珍しいことではありません。職種と職務等級を変えずに、事業間の異動を行うことは、ジョブ型でも十分にあり得ることです。この場合は職種変更よりも拒否が難しくなりそうです。それは、企業の存続発展に直結する戦略配置施策だからです。

悩みが尽きない転勤問題

さらに、ある面、職種変更や事業部門間異動よりも悩ましい社命異動が、転勤です。パートナーの仕事や育児、介護をはじめ、転勤が個人生活に与えるインパクトは甚大です。たとえ本人がそれほど転勤の影響を感じていなくても、パートナーや家族の思いは同じだとは限りません。皆それぞれ、地域に根差した人間関係や諸活動があることでしょう。

パーソル総合研究所の「転勤に関する定量調査」では、転勤がある企業に勤める総合職であっても、「不本意な転勤を受け入れるくらいなら会社を辞める」人が37・７％と非常に高い割合です。「どちらともいえない」人を合わせると、意に沿わない転勤を内示された場合、

8割以上の人に離職リスクがあるということです。特に、20代男性や20〜40代の女性、そして、人事評価が高いハイパフォーマー層で不本意な転勤に対する離職意向が高くなっています。

企業の対応としては、転勤に対するリテンションを考慮して、総合職であっても一時的に転勤が免除されたり、転勤がないコースを選択できたりする制度も目立ってきました。パーソル総合研究所の「非管理職層の異動配置に関する実態調査」では、所定の条件に当てはまれば、転勤がないローカル社員になることを選択でき、その要件がなくなれば転勤があるナショナル社員に戻ることができる企業や、半年ごとに、理由を問わずに個人希望だけで転勤の有無を選択できる企業などがありました。「ジョブ型人事指針」でも、「『総合（事務・技術）』コースにおいても、転勤が困難な個別事情を抱えた社員が勤務し続けられる仕組みとして、会社が認める範囲で一定期間転居を伴う異動を猶予する『転勤猶予カード』という制度を導入している。転勤猶予カードを利用した場合は、理由の如何を問わず転勤が猶予され、一定年数以上の転勤猶予をする場合は一定の賃金控除が発生する【ENEOS】」という事例が紹介されています。

中には、テレワークと出張費を支給する出社の組み合わせで転勤や単身赴任そのものをなくしていこうというNTTグループの取り組みなどが注目されますが、世間には特定の場所でしか仕事ができない業種業態、職種も数多くあります。今後は転勤を減らそうとする企業や、転勤有無を選択できる企業が増えていくでしょうが、社命の転勤はなくならないでしょう。

とくに、地方に大規模拠点を持つ製造業からは、「労働人口が少ない地方拠点の場合、社内公募では充足できないので現地採用しようとしても市場に人がおらず、転勤命令を出さざるを得ない」という声が、多く聞かれます。

転勤に限らず、異動拒否への企業の対応を見ると、労政時報（4075号）の調査では、「理由により認める」企業が74・8%、「認めない」が21・9%です。異動拒否を認める理由のほとんどは育児、介護、病気・不調です。認めない企業は、異動拒否の場合は就業規則に従って自主退職もしくは解雇という回答が多くなっています。

異動命令発令後は、従うか、拒否するかの二択になるかもしれませんが、たいていの場合、とくに、転勤の場合は、発令前に内示のプロセスがあるはずです。社員目線で言うと、その段階でいかに交渉するかです。内示から異動までの期間は、短い場合は1ヵ月もありません。日頃から自分のキャリアプランを語れるようにしておくことです。

管理職登用も「手挙げ」

意に沿わない異動というと、近頃では、「管理職になりたくない」という声も聞こえてくるようになりました。とくに、若い人の間では管理職は割に合わないという受け止めが広がりつつあるようです。確かに、ジョブ型人事の話だけでも、高頻度の1on1など、ファーストラインの管理職のマネジメント業務負荷が重くなっていく傾向があります。もちろん、それらの負荷も含めて、職責と給与を整合させていこうというのがジョブ型や職務給の目的の1つになっているわけですが、果たしてそれだけで、「割に合う」と思ってもらえるかどうかです。

管理職への登用を手挙げにする企業が出てきています。要するに、自分で手を挙げなければ管理職になることはないということです。管理職はやりたい人にしか務まらない、やりたくない人にはやらせられないという考え方です。中でもENEOSの事例は、ポストオフにも本人意向が尊重される点でユニークです。

・管理職への昇格には全てポスティングへの応募・合格を必須とすることで、自ら手を挙げ

てチャレンジする風土を醸成することとした　【富士通】
・初級管理職ポジションへの任用を原則として社内公募により実施しており、加えて、非管理職ポジションの公募も拡充している　【テルモ】
・管理職及び非管理職の最上位等級に属する社員は、次年度にポストへの就任を希望する場合は、必ず希望するポストを申し入れなければならない。希望のポストの申し入れを行わない社員は、次年度はポストに就任することができない（現職の継続もできない）　【ENEOS】

管理職になりたいかどうかは、30代半ば前後から本格化する管理職登用適齢期の前に自分のスタンスを決めておいたほうがいいでしょう。ちなみに、その年代を対象として次世代経営人材候補の発掘を始める企業も少なくありません。

次世代経営人材の育成においては、厳しいミッションを背負うタフアサインメントや、職種や部門をまたぐ広範なローテーションの対象にすることが、タレントマネジメントの定番です。特に、事業系の経営人材育成では、技術部門から営業部門、本社から海外のグループ企業などへの異動が珍しくありません。

実は、本人よりも会社のほうが真剣にキャリアプランを考えているという場合があります。次世代経営人材候補のタフアサインメントは、その典型です。経営トップが参加するタレントマネジメント会議で、次世代経営人材候補の次の配置策を個人別に検討しています。その結果、本人が全く想像もしていなかった異動先が提示されたりするわけです。すべては候補者を効果的・効率的に経営人材へ育成するためです。

中には次世代経営人材候補としてタレントプールにエントリーされていることを本人に通知しない企業も散見されますが、次世代経営人材としての期待と育成方針を本人に説明し、経営人材を目指すことへのコミットメントを求めることが必須です。明確な説明をせずに、意に沿わない異動だからと、経営人材候補者に退職されたりしては元も子もありません。

経営人材候補には、なりたいといってなれるものでもありませんが、辞退することは可能です。経営人材候補であっても、初級管理職であっても、管理職への登用は本人の意思重視、手挙げ重視の流れが強くなりそうです。裏返すと、管理職登用については、意に沿わなければ断ることができそうだとも言えます。それだけ大変な仕事だということです。

・将来的な経営者候補などに対しては、多様な職種をローテーションで経験させている

・次世代の重要なポジションを担い得る優秀な人材の育成は、会社主導で行わざるを得ない側面もある。積極的なローテーションによる部署を跨《また》ぐ異動や、成長のためにあえて〝修羅場〟を経験してもらうケースもある　【資生堂】

・事業成長をグローバルで牽引するリーダーを育成するサクセッションプランニングを10年以上継続している。核となる「コアポジション」を定め、「現職者（次期執行役員候補）」、「サクセッサー（後継者）」、「若手ポテンシャル人材」の各段階で選抜育成プログラムを実施し、各人がリーダーとしてのスタイルを確立することを目指す。早くから難易度の高い業務をアサインし、360度フィードバックなどを通じて内省と自己成長を促している　【中外製薬】

【オムロン】

若手人材のローテーション

これまで見てきたように、全体としては、管理職への登用は、濃淡はあっても手挙げ重視の企業が増えていく流れです。明確なキャリアプランを描いている人は、手挙げの機会をどんどん積極的に活用すべきですし、意に沿わない異動に対しては、自分の意見を主張すべきです。

しかし、まだ、それほど明確なキャリアプランを描けているわけではないという人も、少なくないかもしれません。特に、新卒入社から10年程度の若手社員の場合、パーソル総合研究所の調査では約3分の1の企業、労政時報の調査では44・7%の企業が、数年サイクルのジョブローテーションを行っています。「ジェネラリスト型のローテーションは何の専門性も持たない人を作ってしまう」という見方もありますが、一方で、「同じ部門に長期間在籍しているだけで専門能力が身に付くわけではない」ということも確かです。

実際には、多くの企業で、ジェネラリスト型というよりは、「**長期的な社員の育成を目指すにあたり、会社主導の異動配置は重要との考えである。若手社員は専門性強化に重きを置き、同一職種内での異動が多い**【リコー】」「**異動配置の基本的なスタンスは、同一のジョブファミリー内で複数のポジションを経験し、専門性を高めてもらいたいとの考え**【資生堂】」など、職種を軸にした専門職育成型のローテーションが行われています。このような、いわゆる「幅出し」のローテーションは専門能力を磨くうえで、有効な機会になります。

一方では、「**ジョブ型人事を導入したからといって、各自が選んだ職種に沿ってキャリアを開始した後、特定の職種のみに固定することが適切であるとは考えていない。とりわけ、**

新卒入社後10年程度は、本人の可能性を拡げる意味でも、ローテーションにより多様な部署を経験させることに一定の意味があると考えている【オリンパス】」「生命保険ビジネスでは、社員が営業・保険金支払・アンダーライティングなどの業務を複数経験することで、コアビジネスを理解すると共に、自身の適性を見極めることが重要である。そのため、特に社員のキャリア初期（入社後10年程度）は、会社主導の異動も組み合わせたジョブローテーションを実施している【アフラック生命保険】」という企業もあります。

このような適性探索型やジェネラリスト育成型のローテーションは、まだキャリアの軸となる職種が決まっていない人にとっては、非常に贅沢な施策です。複数の職種を試すという意味では、社内での人事異動は転職を繰り返すよりも、はるかにリスクが小さい方法だからです。キャリア形成上、問題になるのは、軸になる職種が見えてきた後も、そのようなローテーションを繰り返すべきかどうか、そして、適性探索に10年は長すぎないかというところです。

また、複数の職種を経験するのであれば、複数の職種を経験した人ならではのハイブリッドな専門性を自分なりに定義してみるのもお勧めのアプローチです。

時には社命異動も悪くない？

手挙げ異動の弱点は、手を挙げない限り異動候補にならないということです。同じ部署で同じ仕事を長く担当していると、それなりに仕事に慣れていきます。そのコンフォートゾーンに安住してしまうと、ミドルパフォーマーもいつの間にやらローパフォーマーに転落です。成長には常に適切な負荷が必要です。そして、徐々に負荷を上げていく必要があります。まさに、筋トレでいう「漸進性過負荷の原則」です。

昨今は、キャリアは自分自身のものだということで、どの企業もキャリア自律を強調するようになっています。正論ではありますが、同時に、企業が社員のキャリアを考えることに対して「免責」を主張しているようにも聞こえます。企業主導の人事異動では、どうしても各部門の要員確保が優先されます。残念ながら、必ずしも各人の能力開発が考慮されているとは限りません。育成の優先順位が高い異動は、たいていの場合、若手人材と次世代経営人材を対象にしたものだけです。そのほかは、できるだけ能力開発要素を考慮しようとはするものの、結果として人数合わせになってしまう場合もないとは言えません。人事異動が「ガチャ」と呼ばれてしまう所以です。

では、「これは、人数合わせの異動発令かも……」と感じた時、あなたはどうすればよいでしょうか？

まず、あなたがなぜその部署に異動することになったのか、その理由の説明を求めましょう。諾否判断はその後でも遅くありません。今の所属の上司からこれまでの仕事ぶりに対するフィードバックや労いの言葉があれば嬉しいでしょうが、それ以上に肝心なことは、異動先で何を期待されているのか、この異動でどのような経験ができるのか、そして、それがあなたのキャリア形成上、どのような意味がありそうなのかということです。もしかすると、今の所属の上司や人事部からは、あなたの知りたい話が聞けないかもしれません。それを語る最適任者は異動先の上司です。異動先の上司に1on1をお願いしましょう。もし、異動先の上司が、新たなメンバーを迎えるにあたってどのような期待をしているのか、まともに語れないのであれば、その異動話は、あなたのキャリアにとって望ましい機会だと言えそうにありません。ましてや、新たなメンバーを迎えるための1on1の時間すら作れないようであれば、なおさらです。

異動拒否の場合、最悪、退職せざるを得ないケースも考えられます。「近々転職しようなんて、考えてなかったよ……」という人も多いかもしれません。「内示から異動するまでの短期間では転職先を見つけられないし、とりあえず退職というのはリスクが高いし……」という悩みもありそうです。転勤の場合は少々厄介ですが、いったん受諾するのも一策です。「計画的偶発性理論」によると、個人のキャリアの8割は予想しない偶然の出来事によって決まります。もしかすると、異動先で何らかの新たなキャリア形成の糸口が見つからないとも限りません。そして、「やはり違う」ということであれば、その時は決断です。転職を検討する際も、可能な限り、転職候補企業の人事異動方針を確認しておくべきです。特に、もしあなたが20〜30代半ばの若手人材であれば、給与水準の多少の高低よりも、こちらのほうが重要です。

「ふつうの会社員」にとって、ジョブ型は手挙げ人事の機会が広がるとともに、コンフォートゾーンに長居しすぎるリスクが高まることにもなりそうです。「会社がいろいろ考えてくれるはず」という期待は持ちすぎないようにして、しっかり自分でキャリアを考えて、活かせる機会は活かしていきましょう。

幸運を祈ります。

第9章　企業が生き残るために為すべきこと

ジョブ型は会社と社員の関係性を変える

前章まで、ジョブ型人事制度や職務給を導入する企業が増えつつある中でキャリアを考える、「ふつうの会社員」に向けた解説とアドバイスを行ってきました。第9章は、企業の経営陣と人事部に宛てたメッセージです。

わが国の現在の人材マネジメントには、適所適材の配置や職務・職責に応じた処遇という面で弱点があることは否めません。この先、個別ポジションの職務記述書を整備して、給与は職務給一本、異動はすべて社内公募というようなガチガチのジョブ型が主流を占める可能性は低いだろうと考えていますが、大上段にジョブ型を導入するという構えを取らない企業においても、自社の戦略や風土への適合度を考慮しつつ、さまざまなかたちで「仕事」基準を取り入れていく企業が増えるはずです。たとえば、職能等級と役割等級のハイブリッド型の制度にする、役職登用において勤続年数などの属性条件を一切抜きにした社内公募制にする、特定職種の職種別採用を行う等々です。

筆者は、ジョブ型を制度の趣旨通りに本気で運用すると、企業と社員との関係性が大きく変わっていくだろうと考えています。あえて断りを入れたのは、かつての能力主義や成果主義がそうであったように、ジョブ型も制度の趣旨通りに運用されるとは限らないからです。とはいえ、制度がジョブ型的になる以上、運用に緩みがあったとしても、これまでよりはジョブ型的な人材マネジメントになります。

人材マネジメントが職能型からジョブ型になると、登用や処遇の時間軸が変わります。「累積貢献度」を加味することなく「リアルタイム」で、つまり、年功序列ではなく現在の実力で判断することになります。それがジョブ型導入の目的でもあり、歓迎する若手人材も多いでしょうが、その若手人材にしても、同じポジションで同じ仕事を担当する限り、処遇が上がり続けることはありません。有り体に言うと、社員は、「頑張り続けていれば、いずれ会社が応えてくれる」という期待をしなくなるでしょうし、会社も、「社員は将来を楽しみにして、会社のために頑張ってくれる」という期待は持てなくなります。企業と社員との関係は、無期雇用の正社員であっても、比較的短い期間を念頭に置いた経済的交換の色合いが強くなるはずです。それ自体については、いろいろな感じ方があるでしょうが、好むと好まざるとにかかわらず、その方向に進むだろうということを、企業はしっかりと認識しておく必要があります。

たとえジョブ型という話がなくても、企業と社員との関係は「数年程度の比較的短い期間を念頭に置いた経済的交換」だというのが、最近の若手人材の感覚かもしれません。厚生労働省が発表した「新規学卒就職者の離職状況（令和2年3月卒業者）」によると、就職後3年以内の離職率は新規高卒就職者37・0%、新規大卒就職者32・3%で、いずれも前年度より上昇しています。マイナビが発表した「新入社員の意識調査（2023年）」でも、約24%が「3年以内に離職する」と回答しています。

労働移動は進むのか？

「ジョブ型」という単語はともかくとして、職務給は、第二次世界戦後間もなく、1940年代後半にGHQによって輸入されたもので、けっして目新しくはありません。日本において、その「仕事」基準の給与が普及したのかというと、経営側は経済復興に向けた労働力確保のために、そして、労働側は安定的な生活改善のために、いずれも終身雇用と年功序列型賃金を支持し、職務給は普及しませんでした。

その後、日本経済は1950年代後半から1960年代にかけて高度経済成長期に入り、1970年代以降は経済が安定成長期に移行する中で、労働者の高齢化が進むにつれて、勤続年数に応じた年功序列型賃金による人件費負担が増大していきます。そこで登場したのが、職能資格制度です。職能資格制度は、社員個々人の職務遂行能力に応じて職能給を支払うというだけではなく、等級制度・評価制度・報酬制度、さらに、能力開発を包含し連動させた「トータル人事制度」である点が特徴で、長期雇用を前提とした能力開発主義の制度です。その意味において、非常に優れた人材マネジメントフレームです。1960年代後半から1970年代にかけて、職能資格制度は広く普及します。

労政時報の調査「基本給の昇降給ルールと賞与制度の最新実態」（2023年）によると、一般社員層に能力給／職能給を導入している企業は52・5%、管理職層でも42・0%であり、現在においても、職能資格制度は人事制度の主流であると言えます。職能資格制度以前の時代も含めて、日本の人事制度は、ずっと「ヒト」基準でした。

それなのに、近年になって、なぜ再び「仕事」基準が注目され、ジョブ型の導入が広がっているのでしょうか？

本書では、ジョブ型に対する企業のニーズを取り上げてきました。労働者の高齢化は、かつてないほど進んでいます。職能資格制度は単純な勤続年数ベースではないとはいえ、実際の運用としては、年功序列の色合いが濃いことは否めません。その結果、管理職層・中高年社員層の人件費負担は重く、職責と処遇のバランスの歪みが目立つ状況です。また、労働者の高齢化、長年の運用による職能資格制度の劣化とともに、グローバル化の進展も見逃せないキーワードです。優秀なグローバル人材の確保や活用のためには、海外現地法人の人事制度との整合性を求められる場面が少なくありません。国内中心の企業であっても、若手人材の就「職」志向の高まりに対して、職種別採用などの施策を取り入れる企業が増えています。

そしてもう1つ、これら個別企業のニーズに対応するという観点とは別に、政府は、ジョブ型は「労働移動」を促進するという文脈で語っています。先の岸田内閣は経済の活性化と労働市場の効率化のために、労働移動を促進する政策を打ち出しており、とくに、働き方改革の一環として、ジョブ型雇用やキャリアアップの支援を推奨していました。成熟産業・衰退産業から成長産業・重点産業への人材シフトを促進する施策だというわけです。岸田内閣は、２０２３年に「新しい資本主義実現会議」でジョブ型雇用の目的や人材の配置・育成・評価方法について整理する方針を決め、２０２４年に「ジョブ型人事指針」を策定して、経団連主催の「ジョブ型人事説明会」で、ジョブ型人事の導入促進に向けた考えを示したりしています。

２０２４年10月の衆議院選挙における自由民主党の公約でも、その方針は引き継がれ、

「物価高騰対策・所得拡大」策の1つとして、「物価に負けない賃上げと最低賃金の引上げの加速、地域間格差の是正を図ります。リ・スキリング、ジョブ型雇用の促進、労働移動の円滑化などの労働市場改革を進めます。正規・非正規雇用の格差を是正するため、同一労働同一賃金を徹底させます」ということで、「ジョブ型」が登場しています。

なぜジョブ型で労働移動が進むのか、ざっくり言うと、仕事ごとの要件と職務給が示されて給与相場が形成されれば、それぞれの労働者が目指すべき仕事が分かりやすくなって労働移動が促進されるという発想です。給与相場については、第5章で示した通り、市場需要が大きい特定の職種を除けば、ほとんどの職種においては企業横断的な職種別の給与相場が形成されることはないだろうと考えています。たとえ同じ仕事であったとしても、どの程度の給与を支払うかは、それぞれの企業の戦略判断であり、「仕事」以前の問題として、どの「企業」に所属しているかで給与水準が大きく異なる状況は、今後も続いていくでしょう。

それでも筆者は、ジョブ型によって労働移動が促進されていくのではないかと考えています。

第6・7章で示した通り、ジョブ型が進んでくると、「ふつうの会社員」の給与は40歳前後で上限に達するようになると予測しています。各等級の給与レンジが狭ければ、それより早く、30代半ばくらいでピークに達してしまうかもしれません。そこで、その給与水準を許容するか、よりよい処遇を求めてキャリアアップを目指すかですが、育児・教育や住宅購入などの資金需要が大きい世代にとって、昇給の有無や程度は極めて深刻な問題です。同じ仕事でも給与が高い企業に向けた転職活動を考える人が増えても不思議はありません。給与相場が形成されなくても、むしろ、給与相場が形成されないからこそ、結果的に、労働移動が進むというわけです。労働力不足は続きます。給与水準が低い企業は今まで以上に人材確保に苦労するはずです。

スキルベース組織？

最近、ジョブ型雇用が主流の欧米企業において、〝スキルベース組織〟が注目されています。

デロイトトーマツの調査レポート「スキルベース組織―新たな仕事と労働者のモデル」によると、社員一人ひとりのスキルをきめ細かく管理して、「労働者をスキルのポートフォリオを持つ唯一無二の個人」とみなし、職務記述書で定義された固定的なジョブよりも柔軟で細分化されたプロジェクトやタスクというかたちで仕事とマッチングさせていくという考え方のようです。ここでいうスキルとは、「ハードスキルまたはテクニカルスキル（コーディング、データ分析、会計知識など）、ヒューマンケイパビリティまたはヒューマンスキル（クリティカル・シンキングやEQなど）、ポテンシャル（潜在的な資質や能力、また将来の成功につながるような隣接スキル）など、幅広く定義」しています。

スキルにポテンシャルも含むということは、スキルベース組織はジョブ型ではなく、「ヒト」基準の考え方です。職能資格と同じように見えますが、スキルの把握の単位がはるかに詳細である点が特徴です。そしてもう1つ、スキルベースは、社員を現在のスキルとポテンシャルの集合体とみなすわけですから、ジョブ型と同じく、そこに累積貢献度の概念はなく、処遇はリアルタイム目線です。ここが、職能資格と最も大きく異なる点だと言えるかもしれません。「仕事」基準ではありませんが、アサインや処遇判断の時間軸という観点では、スキルベース組織は職能資格よりもジョブ型に近いという見方もできます。その意味では、今後、ジョブ型ではなく、スキルベース組織が普及するとしても、やはり、企業と社員との関係を「数年程度の比較的短い期間を念頭に置いた経済的交換」と見る流れは変わらないでしょう。

日本企業には、ジョブ型よりも「ヒト」基準のスキルベースのほうが馴染みやすい可能性がある一方で、スキルベース組織を取り入れても運用が職能資格的に流れてしまう企業もありそうです。年功序列打破という面では、ジョブ型に分があります。もしくは、職能等級と職務等級や役割等級とのハイブリッド型にして職能等級の影響度を縮減するとともに、昇降格運用や職能基準の粒度を見直すなどの方策が現実的かもしれません。いずれにしても、リアルタイム目線の処遇に軸足が移っていくことは間違いありません。

給与ポリシーを明らかに！

企業と社員との関係を「数年程度の比較的短い期間を念頭に置いた経済的交換」と考える人が増えると、これまで以上に企業の給与水準が持つ意味が大きくなります。資金需要が大きい世代にとっては、なおさらです。

人材マネジメントから累積貢献度要素が少なくなっていくということは、年功的昇格や登用がなくなるということであり、等級ごとの給与レンジが狭くなる、定期昇給ではなく更改型の昇降給を行う企業が増えるということです。第6・7章の繰り返しになりますが、「ふつうの会社員」から見ると、制度的昇給によって給与が上がっていくという期待値は小さくなっていきます。同じ仕事を担当していて昇格しない場合、今の会社で収入が上がるには、賞与の増額か、ベースアップが必要です。賞与は企業業績と個人評価成績が高ければ上がるでしょうし、そうでなければ下がるはずです。ベースアップは、昨今の物価上昇局面においても実施する企業とそうでない企業が分かれています。賞与は業績に応じて増減するので問題はないが、ベースアップは人件費の増大が固定化するので避けたいという企業があるということです。財務的な観点として理解できる部分があります。しかし、それが続くとベア実施企業と非実施企業の給与水準は、徐々に開いていきます。

同じような仕事だとした場合、給与水準が高い企業と低い企業のどちらが優秀な人材を確保しやすいかは明らかです。今後、定型的な仕事はロボットやＡＩによる代替が加速度的に進むことが予測されており、企業の優劣は人にしかできない仕事の質、すなわち、人材の質で決まると言ってよいはずです。ベースアップを人件費と考えるか、人的資本投資と考えるのかが問われます。

有名なハーズバーグの二要因理論では、給与をはじめとする労働条件や人間関係などは「衛生要因」であって、不足していると不満になるが充足していてもモチベーションが上がるわけではありません。そして、仕事の達成感や承認などは「動機づけ要因」であり、満足度向上とモチベーションアップにつながると説明しています。

しかし、最近の調査研究では、給与アップがモチベーションアップに直接つながるとする報告も増えています。たとえば、ＰｗＣの「The PwC Global Workforce Hopes and Fears Survey 2023」では、競争力のある給与は重要な動機づけ要素であることを強調しています。とくに専門職の従業員にとって、競争力のある給与は仕事の満足度の重要な要素であり、現在の勤務先に留まったり、転職を検討したりする主な理由の1つになっているとのことです。「ふつうの会社員」のキャリア形成は専門性が軸になります。専門職系の人が、給与を自分の専門性に対する評価の象徴だと考えることは、至極当然です。ましてや、スキルベースの考え方に立てば、まさに自分の専門性、スキルの評価が給与になるわけですから、給与は承認そのものであり、モチベーションの源泉になり得ます。また、給与は衛生要因だと見ても、給与が上がらないことは、物価上昇局面では単なる不満にとどまらず、リテンション上の大きなリスクになるおそれがあります。人材マネジメントにおいては、これまで以上に給与の重要性が増しています。

日本企業は、年功序列的な人材マネジメントが続いてきたせいか、給与水準に対する感度が低い面があります。外資系企業は、毎年、人事コンサルティング会社から給与サーベイデータを購入して、自社の給与水準を細かくチェックするのが普通です。日本企業も初任給水準を気にするだけでなく、しっかりと既存社員の水準チェックを行うべきです。

ジョブ型やキャリア自律の流れの中で、多くの企業が、社員とは「選び、選ばれる関係」だと言っています。社員の意思を重視した異動配置施策や働き方改革など、社員目線の施策も増えてきました。ウェルビーイングにも注目が集まっています。それらが重要であることは確かですが、社員が勤務先を選ぶために必要な基本要素である給与水準は十分検討されているでしょうか？　ジョブ型で職務給を導入するという「給与の決め方」と、いくら払うのかという「給与水準」とは異なるイシューです。あなたの会社では、給与水準に関するポリシーは明確になっているでしょうか？　あなたの会社は、競合他社等と比較して、どのような水準の給与を支払おうとしているのでしょうか？　あなたの会社には、自社の給与水準を上げていこうという意思があるでしょうか？

パーソル総合研究所が２０２２年に行った「賃金に関する調査」から、企業の経営層の賃上げに関する意識を見てみましょう。

「賃金アップは投資だ」とする企業は38・1％であり、「コスト増だ」とする企業のおよそ2倍です【図表23】。一方で、「会社の成長なくして賃上げは難しい」とする企業が63・0％と大きな割合を占め、「賃上げなくして会社の成長は難しい」とする企業は、その10分の1

図表23　賃上げに対する経営層の考え

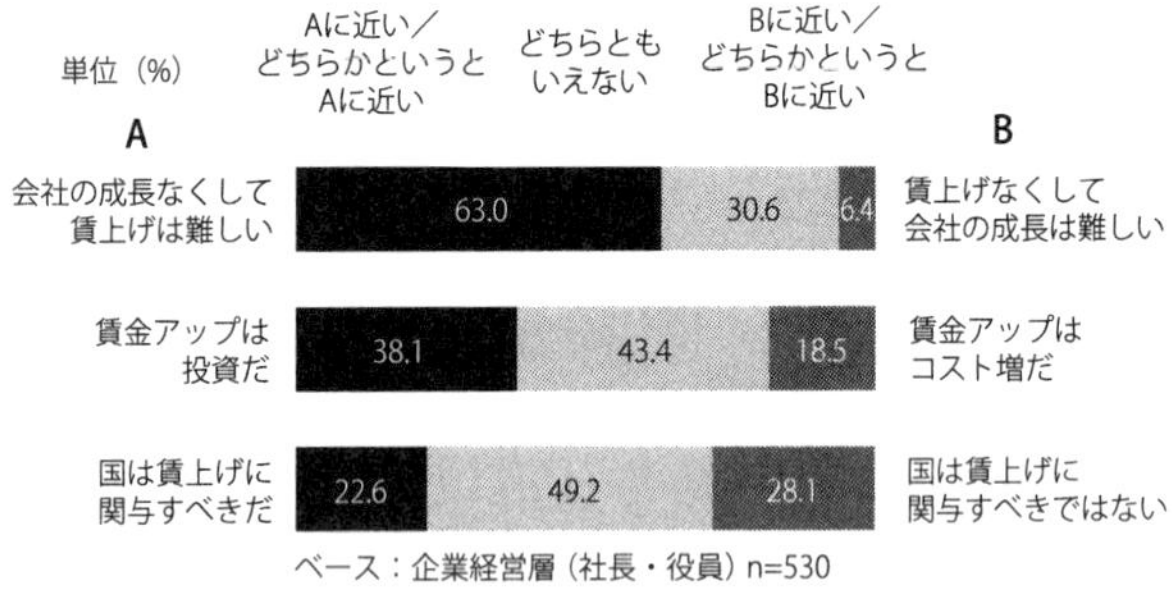

出所：パーソル総合研究所「賃金に関する調査」

ほどに過ぎません。「賃金アップは投資だ」はタテマエ、「会社の成長なくして賃上げは難しい」はホンネと見えなくもありません。成長が先か、賃上げが先か。本来、投資は成長のために行うものであるはずです。

業績と賃上げとの関係を見ると、業績好調な企業では、「自社は賃上げに積極的だ」「賃金アップは投資だ」とする企業が半数以上を占めます【図表24】。業績不調の企業の回答とは真逆の傾向です。業績好調でも投資家への還元や内部留保・設備投資を優先する企業や、業績不調ゆえに賃上げをしたくても「ない袖は振れない」企業もあるでしょうが、好循環をキープする企業と負のスパイラルに陥る企業が、はっきり分かれているように見えます。

また、賃上げと採用、離職抑制との関係を見ると、賃上げに積極的な企業では、「自社は欲しい人材が採用で

図表24　業績と賃上げとの関係

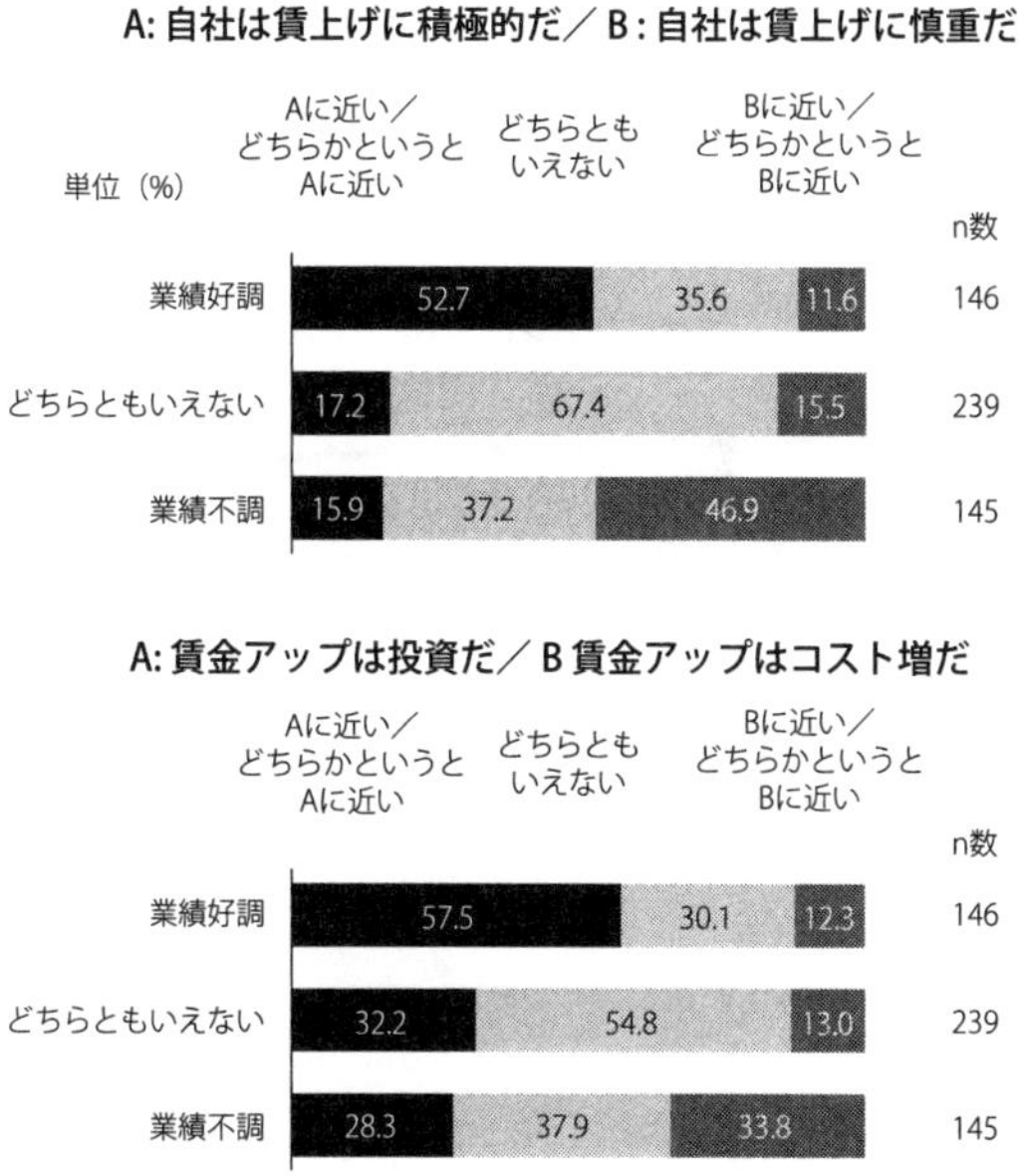

出所：パーソル総合研究所「賃金に関する調査」

きている」企業が約4割、「自社は必要な人材の離職を抑制できている」企業が約5割を占めており、賃上げに慎重な企業の約2倍です【図表25】。賃上げに対する企業のスタンスが優秀人材の採用とリテンションに結びつくこと、そして、優秀人材の採用とリテンションが企業業績を左右するであろうことに、まったく違和感はありません。

同調査で賃上げ状況を見ると、2021年から2022年にかけて勤務先と雇用形態

図表25　賃上げと採用、離職抑制との関係

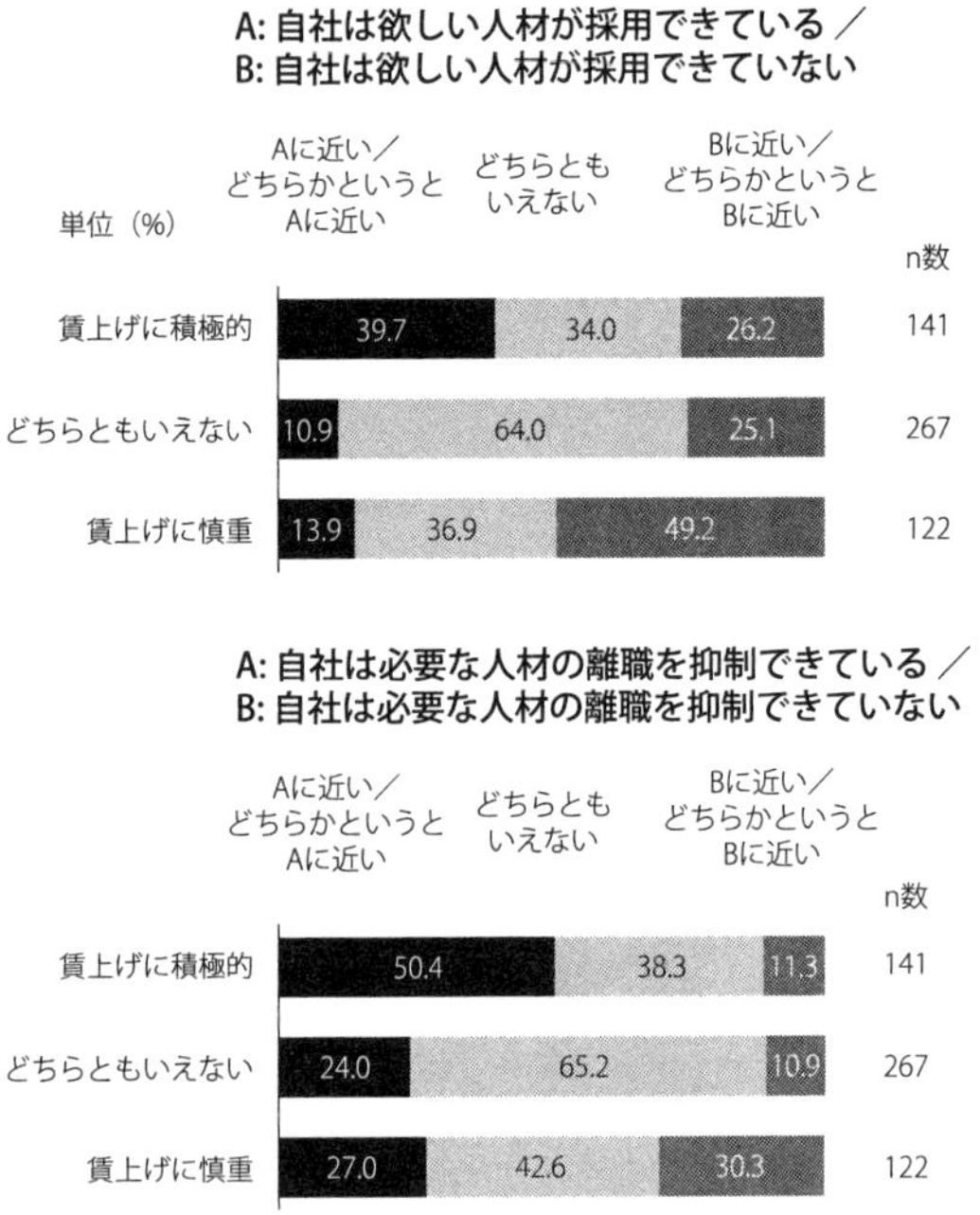

出所：パーソル総合研究所「賃金に関する調査」

が変わらなかった正規雇用の社員・職員のうち、前年より賃金が増加した人は44・6％、減少した人は14・8％、変わらなかった人は40・6％です【図表26】。パート・アルバイトや派遣社員よりは、正規雇用のほうが昇給した人の割合が多いのですが、それでも、昇給した人は半数に届きません。

これを従業員規模別にみると、従業員数が多い企業ほど昇給した人が増え

図表26　賃金の増減 雇用形態別

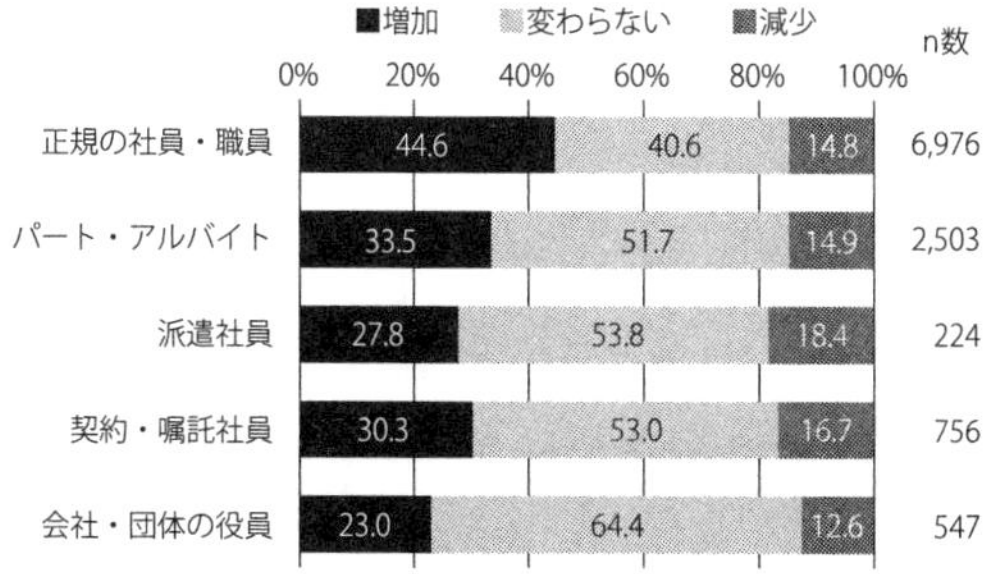

図表27　賃金の増減 正規雇用者の種類 x 年齢別

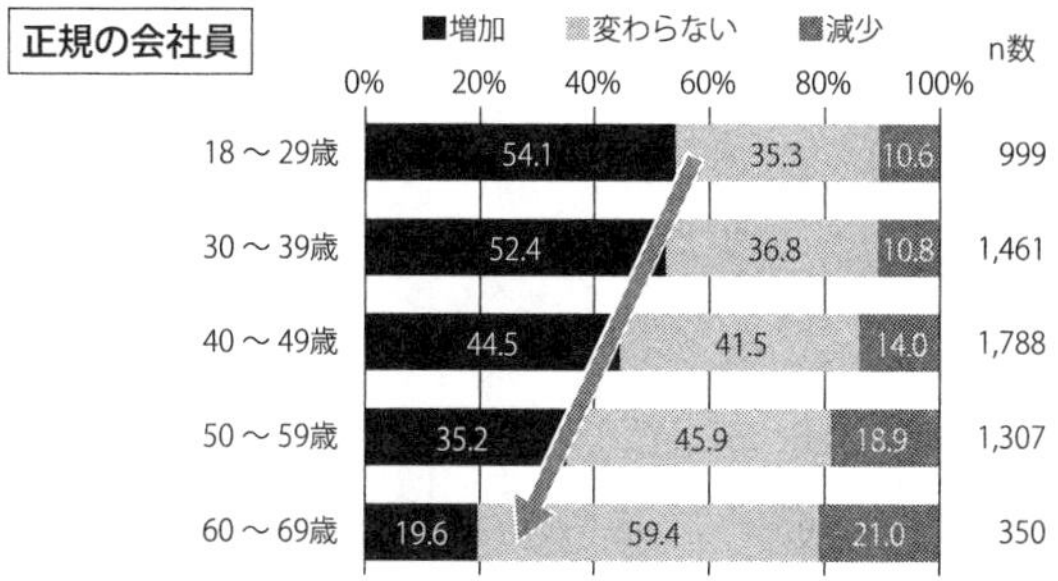

出所：パーソル総合研究所「賃金に関する調査」

る傾向がありますが、従業員数1千人以上で50・0%、1万人以上で49・9%と、ようやく半数に過ぎません。

さらに、正規雇用の会社員について年齢別に見ると、年齢層が上がるにつれ、賃金が増加した人の比率が下がっていきます【図表27】。やはり、若いほど賃金が上がりやすいということではあるのですが、40歳未満の若手社員層でも賃金が増加した人は5割強に過ぎません。本書では、ジョブ型が普及すると「ふつうの会社員」は40歳前後で給与ピークに達すると想定してきましたが、もしかすると、「ふつうの会社員」といっても、半数の人はそれよりも早い時点で給与が上がらなくなるのかもしれません。

給与が上がる人が半分、上がらない人が半分と言っても、これは賃上げをする企業が半数しかないということではありません。企業としては賃上げをしていても、給与が上がらない人がいるというパターンがあります。6章で詳しく説明しましたが、給与が更改型だったり、累積型でも人事評価によってゼロ昇給やマイナス昇給があったりするパターンで、かつ、ベースアップを実施しない場合です。

物価安定局面でもベアを行い自社の給与水準を競争優位に導く企業もあれば、物価上昇局面でもベアを行わず実質賃金を目減りさせる判断をする、もしくは、ベアを行う体力がない企業もあるということです。

2020年に米国証券取引委員会（SEC）が人的資本の情報開示を義務づけたことや、ESG投資の拡大に伴って、とくに「社会」や「ガバナンス」の領域で、人的資本への投資が企業価値の向上と長期的な安定性につながるという認識が広がっていることなどから、人的資本経営が注目されています。

経済産業省の「人材版伊藤レポート2・0」では、人的資本経営を経営の中心に据えて、企業の中長期的な価値向上を目指すための取り組みが広範に示されています。SASBスタンダード（持続可能な企業報告基準）やGRI（グローバル・レポーティング・イニシアチブ）などの国際基準との整合性も意識しながら経営戦略と人事戦略を連動させる枠組みとして、非常に有用なものです。

報酬関連では、経営に対するインパクトが大きい役員と高度専門人材について、「役員報酬への人材に関するKPIの反映」、「高度な専門性を踏まえた魅力的な報酬テーブルの設定」による「博士人材等の専門人材の積極的な採用」を取り上げています。

そして、「リスキルと処遇や報酬の連動」ということで、「市場価値を意識した、リスキル後に期待される報酬水準の明確化」を提案しています。これはビジネスパーソン全般に関わることであり、極めて重要な内容なので、引用します。

- 現職で責任を果たしながらリスキルを行う社員の負担に鑑み、リスキル後に期待される報酬水準を可能な限り明確にし、リスキルを後押しする。
- その際、他社や市場で期待される報酬水準を参照し、リスキル後の報酬が十分に魅力的であるか、検証する。

「ふつうの会社員」もリスキルを行って専門性を広げ、磨くこと、企業はリスキル後の給与水準を魅力的なものにせよということでしょう。伊藤レポートでは、変革の方向性を「囲い込み型」から「選び、選ばれる関係」へと謳っています。

企業から見て、特別に優秀というほどではない「ふつうの会社員」は、「選び、選ばれる関係」の目玉となる人材ではないかもしれませんが、従業員の大多数を占める重要な構成員であり、彼ら、彼女らもまた、「選ぶ」立場の人たちです。しっかりとスキルを磨く努力が要求されることは当然として、企業も給与水準向上に努力すべきです。自社の給与ポリシーを明確にすること、そして、それを従業員に周知し、採用候補者にも説明できること。人材確保には、それが必須です。ジョブ型が広まってくると、あるいは、ジョブ型でなくてもリアルタイム目線の処遇が広まってくると、はっきり言えば、給与水準を上げていくことができる企業しか生き残れないだろうと考えています。

自社給与水準を上げることに対する経営陣のプライドと能力に期待します。

あとがき

本書を読み終えたみなさん、ジョブ型の実態を理解いただけたでしょうか。

日本においてガチガチのジョブ型が人事制度の主流になることはないでしょうが、これまでよりも「仕事」基準重視で、ジョブ型っぽい色合いが濃くなっていくことは、間違いありません。累積貢献度ではなくリアルタイム目線に立つと、「ふつうの会社員」のポジション登用や処遇は、定年・役職定年に向けた右肩上がりにはならず、ピーク年齢がかなり前倒しになるでしょう。あなた自身にもそのまま当てはまるかもしれない、そのシナリオを前に、本書で、何らかのキャリア形成の「道しるべ」は見つかったでしょうか。たとえ1つでも2つでも、「道しるべ」を示すことができれば、著者として、それに勝る喜びはありません。ジョブ型にともなう変化をうまく活用して、みなさんのキャリアが充実したものになることを、心より祈念しています。

本書の執筆にあたっては、中央公論新社のお二人、編集を担当いただいた疋田壮一さん、前著『人事ガチャの秘密』に引き続き支援いただいた黒田剛史さんに、大変お世話になりました。そして、編集の方に限らず、本を仕上げて上梓できるのは、出版社のみなさんのご尽力あればこそです。ありがとうございます。

本書は著者が行った「職務給に関するヒアリング調査」が全体のベースになっています。そして、「働く10000人の就業・成長定点調査2024」「賃金に関する調査」など、パーソル総合研究所の各種調査から示唆を得ています。ヒアリング調査に協力いただいた企業のみなさま、各種調査を担当した同僚のみなさんには感謝に堪えません。

なお、本書は2024年春から書き始め、第7章「昇格・降格、人事評価はどうなる？」を書いている最中の8月に、政府から「ジョブ型人事指針」が公表されました。事例が充実しており企業名が開示されていること、一方で、事例の列挙になっており、一般のビジネスパーソンはもちろん、経営者や人事部スタッフであっても精読する人は多くないだろうと思われたこと、それらの理由から当初の想定を変更し、ジョブ型の運用に関する第7・8章については、「ジョブ型人事指針」から企業事例を多く引用し、解説することにしました。本書によって、「ジョブ型人事指針」の活用度が高まる面もあるのではないかと思っています。手戻りがありましたが、ある面、絶妙のタイミングでした。

「あとがき」を書いている今日は11月3日、文化の日です。前著のあとがきは勤労感謝の日でした。今回もたまたま祝日です。まだ修正作業が残っているとはいえ、これで脱稿ですから、一息つけそうです。

ちなみに、私にとっては、今日は結婚記念日でもあります。今年で37回目です。人生１００年時代ですから、１００歳近くまで生きていれば、結婚70周年を迎えることができます。結婚70周年は「プラチナ婚式」、そして、75周年は「ダイヤモンドと金婚式」、80周年を「オーク婚式」、85周年を「ワイン婚式」といい、どうやらそれ以降は名前がついていないようです。企業の人材マネジメントはリアルタイム目線重視の流れですが、結婚に限らず、個人生活や対人関係では累積貢献度はきわめて大きな要素です。妻・裕子には感謝に堪えません。37年はそれなりに長い年月ですが、ワイン婚式はともかくとしても、プラチナ婚式に向けて、まだ道半ばです。今後ともよろしくお願いします。

２０２４年11月3日　文化の日

藤井　薫

藤井 薫　Fujii Kaoru

パーソル総合研究所シンクタンク本部 上席主任研究員。電機メーカー人事部・経営企画部を経て、総合コンサルティングファームにて20年にわたり人事制度改革を中心としたコンサルティングに従事。その後、ソフトウェア開発企業にて取締役タレントマネジメントシステム事業部長を務める。 2017年8月パーソル総合研究所に入社、タレントマネジメント事業本部を経て20年4月より現職。24年4月よりコンサルティング本部ディレクターを兼務。メディアへの寄稿も多数。著書に『人事ガチャの秘密　配属・異動・昇進のからくり』（中公新書ラクレ）。

中公新書ラクレ　833

ジョブ型《がた》人事《じんじ》の道《みち》しるべ

キャリア迷子《まいご》にならないために知《し》っておくべきこと

2025年２月10日発行

著者……藤井《ふじい》 薫《かおる》

発行者……安部順一

発行所……中央公論新社

〒100-8152 東京都千代田区大手町 1-7-1

電話……販売 03-5299-1730　編集 03-5299-1870

URL https://www.chuko.co.jp/

本文印刷…三晃印刷　カバー印刷…大熊整美堂　製本…小泉製本

Published by CHUOKORON-SHINSHA, INC.
Printed in Japan　ISBN978-4-12-150833-1　C1234

中公新書ラクレ　好評既刊

L722
増補版 駆け出しマネジャーの成長論
――7つの挑戦課題を「科学」する

中原　淳　著

突然、管理職に抜擢された！　年上の部下、派遣社員、外国人の活用方法がわからない！　飲みニケーションが通用しない！　プレイヤーとしても活躍しなくちゃ！　社会は激変し、一昔前よりマネジメントは格段に難しくなった。困惑するのも無理はない。人材育成研究と膨大な聞き取り調査を基に、社の方針の伝達方法、多様な部下の育成・活用策、他部門との調整・交渉のコツなどを具体的に助言。新任マネジャー必読！　管理職入門の決定版だ。

L781
ゆるい職場
――若者の不安の知られざる理由

古屋星斗　著

「今の職場、〝ゆるい〟んです」「ここにいても、成長できるのか」。そんな不安をこぼす若者たちがいる。2010年代後半から進んだ職場運営法改革により、日本企業の労働環境は「働きやすい」ものへと変わりつつある。しかし一方で、若手社員の離職率はむしろ上がっており、当の若者たちからは、不安の声が聞かれるようになった――。本書では、企業や日本社会が抱えるこの課題と解決策について、データと実例を示しながら解説する。

L788
人事ガチャの秘密
――配属・異動・昇進のからくり

藤井　薫　著

若手・中堅社員が不満を募らせているように、配属や上司とのめぐりあわせは運任せの「ガチャ」なのか？　その後の異動や昇進は？　人事という名のブラックボックスに調査のメスを入れた結果、各種パターンが浮かび上がった。たとえば「人事権を持たない人事部」「一見問題ないミドルパフォーマーが盲点」等々。人事は何を企図して（企図せず）行われているのか。読者のキャリア形成に役立つ羅針盤を提供する。管理職や人事部も見逃せない一冊。